# R과 하둡을 이용한 빅데이터 분석

# R과 하둡을 이용한 빅데이터 분석

## 빅데이터 처리를 위한 이상적인 솔루션

비그니쉬 프라자파티 지음 | 송주영 옮김

# 지은이 소개

**비그니쉬 프라자파티**<sub></sub>Vignesh Prajapati

인도 출신의 빅데이터 매니아며 엔제이Enjay의 소프트웨어 전문가 및 Pingax (www.pingax.com)의 컨설턴트로 활동 중이다. 숙련된 기계학습 데이터 엔지니어로서 기계학습뿐만 아니라 R, 하둡Hadoop, 머하웃Mahout, 피그Pig, 하이브Hive 및 하둡 관련 컴포넌트 등의 빅데이터 기술을 통해 데이터셋으로부터 가치 있는 인사이트를 분석하는 일련의 데이터 분석 사이클 전반에 능통하다.

2012년에 구자르트Gujarat 기술 대학에서 학사 학위를 받았으며 Tatvic에서 데이터 엔지니어로 일하기 시작했다. 구글 애널리틱스 데이터를 위한 다양한 데이터 분석 알고리즘을 개발해 경제적 가치를 제공했고 실질적인 기계학습 적용을 위해 구글 애널리틱스와 구글 프리딕션 API를 연동하는 여러 가지 분석 앱을 개발했다. 또한 구글 프로젝트에 오픈소스로 RGoogleAnalytics 패키지를 개발함으로써 R 커뮤니티에 기여했으며, '데이터 주도 기술Data-driven technologies'에 대한 문서도 작성했다.

단일 도메인에 국한되지 않은 다양한 인터랙티브 앱을 개발하고 있으며, 구글 애널리틱스 API, 실시간 API, 구글 프리딕션 API, 구글 차트 API, 구글 번역 API 등의 다양한 구글 API와 자바, PHP 플랫폼을 이용해 개발하고 있다. 오픈소스 기술을 개발하는 데에도 관심이 많다.

또한 『아파치 Mahout 프로그래밍』(에이콘, 2014)을 리뷰했다. 이 책은 초급자뿐만 아니라 고급 사용자에게도 머하웃에 대한 참신하고 범위 지향적인 접근법을 제공한다. 또한, 사용자가 빅데이터 애플리케이션을 만들면서 기계학습 애플리케이션과 정책, 기계학습 알고리즘의 다양한 가능성을 알 수 있도록 특별하게 구성되어 있다.

# 감사의 글

이 책을 쓰는 시간뿐만 아니라 내 삶 전반에 걸쳐 함께 있어준 사랑하는 부모님과 동생 바이브하브에게 먼저 감사드린다. 그들의 도움이 없었다면 이러한 지식을 공유하는 것이 불가능했을 것이다. 이 책을 쓰기 시작한 이후로 아버지(프라라드 프라자파티)는 계속해서 동기 부여를 해줬고 어머니(다르미스타 프라자파티)도 많은 관심을 가져줬다. 또한 하둡과 R이라는 어려운 기술적 주제에 대해 책을 쓸 수 있도록 용기를 준 친구들에게도 고맙다는 말을 전하고 싶다.

이 책을 쓰는 시간은 나에게 매우 도전적이면서도 힘든 시간이었다. Tatvic의 CEO이자 설립자인 라비 파탁에게 감사드린다. 그는 나에게 기계학습과 빅데이터라는 광대한 분야를 소개해주었고 나의 잠재력을 발견할 수 있도록 도와주었다. 그리고 팩트출판사의 제임스와 웬델, 만다르에게도 감사의 말을 전한다. 그들은 이 책이 나올 수 있도록 많은 동기 부여를 해주었고 훌륭한 지원과 조언을 아끼지 않았다. 특히 이 책의 기술적 부분과 그래픽적 부분의 커뮤니케이션상 간극을 채워준 것에 특별히 감사드린다.

빅데이터와 기계학습 분야의 모든 이들에게 감사드린다. 마지막으로 나 자신을 믿을 수 있도록 힘을 주시고 나의 꿈을 좇을 수 있게 해주신 신에게 감사드린다. 전능하신 신에 대한 믿음 없이는 이 책을 쓸 수 없었을 것이다.

이제 빅데이터 분석의 미래를 향해 함께 나아가보자.

# 기술 감수자 소개

**크리쉬나난드 캄바드콘**Krishnanand Khambadkone

20년의 경력이 있다. 현재 TCS 아메리카에서 빅데이터와 하둡 분야의 시니어 솔루션 아키텍트로 일하고 있으며, 포춘 500대 기업 중에서도 큰 은행을 대상으로 하는 하둡 솔루션 아키텍처를 만들고 구현하는 일을 하고 있다. 이전에는 오라클 미들웨어 스택을 이용해 미들웨어와 SOA 솔루션을 납품하거나, J2EE 제품 스택을 이용해 소프트웨어를 구축하고 납품하는 일을 했다.

아비드avid에서 빅데이터와 하둡 분야의 에반젤리스트로 일하고 있다. 이 주제에 대해 많은 문서와 백서를 작성했고 컨퍼런스에서 발표도 했다.

**무투사미 마니간단**Muthusamy Manigandan

오존 미디어Ozone Media의 엔지니어링과 아키텍트 부문의 리더다. 가상화, 분산 버전 관리 시스템, ERP, 공급망 관리, 기계학습, 추천 엔진, 행위 기반 타깃 재설정, 행위 타깃팅 등의 분야에서 큰 규모의 소프트웨어 시스템을 디자인하는 데 15년 이상의 경력이 있다. 오존 미디어에서 일하기 전에는 VMware, 오라클, AOL, 맨해튼 어소시에이츠Manhattan Associates에서 일했으며, 오존 미디어에서는 제품과 기술 연구를 담당했다. 이메일(mmaniga@yahoo.co.uk)이나 링크드인(http://in.linkedin.com/in/mmanigandan/)을 통해 연락할 수 있다.

**비디아사가르**Vidyasagar N V

어릴 때부터 컴퓨터 과학에 관심이 많아서 고등학교 시절부터 컴퓨터와 컴퓨터 네트워크 관련 작업물을 만들기 시작했다. 그 후에는 명망 있는 기술 교육기관인 바나라스 힌두 대학에서 학사 학위를 받았으며 지금은 확장성 있는 시스템을 개발 및 구축하는 소프트웨어 개발자 겸 데이터 전문가로 일하고 있다. 다양한 종류의 2세대, 3세대, 4세대 언어를 다룰 수 있으며, 플랫 플라이와 색인 파일, 계층적 데이터베이스, 네트워크 데이터베이스, 관계형 데이터베이스, NOSQL 데이터베이스, 하둡 관련 기술 분야에도 경험이 있다. 현재 콜렉티브Collective에서 웹과 로컬 정보를 이용한 빅데이터 기반의 정형 데이터 추출 기술을 개발하는 시니어 개발자로 일하고 있으며, 고품질 소프트웨어나 웹 기반 솔루션을 개발하고 신뢰성과 확장성을 가진 데이터 시스템을 디자인하는 것을 좋아한다.

나의 부모님 스리니바사 라오와 라타 라오에게 감사의 말을 전하고 싶다. 그리고 내 삶을 지원해주고 든든한 뒷받침이 되어준 가족들과 친구들에게도 감사드린다. 또한 오픈소스 소프트웨어 프로젝트에 참여해 시간과 노력, 전문성을 기부한 모든 사람들에게 감사드린다. 마지막으로 이렇게 좋은 책의 기술 감수자로 나를 선택해준 팩트출판사에게도 감사드린다. 이 책을 리뷰할 수 있어서 정말 영광으로 생각한다. 이메일(vidyasagar1729@gmail.com)로 연락할 수 있다.

**시다르트 티와리**Siddharth Tiwari

지난 3년 동안 기계학습, 텍스트 분석, 빅데이터 관리, 정보 검색 및 관리 관련 업무를 하면서 업계에 발을 들였다. 현재는 EMC의 빅데이터 관리와 분석 초기 설정 및 하둡 배포판 제품 엔지니어링 업무를 하고 있다.

규모 있는 금융 서비스 회사와 일하면서 테라소트TeraSort와 마이닛소트MinuteSort 벤치마킹 세계 기록 팀의 일원으로 있었다.

유타 프라데시 기술 대학에서 좋은 성적으로 학사 학위를 취득했다.

# 옮긴이 소개

송주영(bt22dr@gmail.com)

현재 쿠팡에서 데이터 분석 업무를 담당하고 있다. 지리정보시스템, 이미지 프로세싱, 기계학습 등 다양한 분야에 관심이 많다.

# 옮긴이의 말

번역 작업을 마무리하고 이 글을 작성하기 위해 문서 편집기를 열고 있으니, 업무상 프로젝트를 위해 처음으로 R과 하둡의 연동 작업을 수행할 당시의 기억이 새록새록 떠오릅니다. 그 당시에는 이 책은 물론이고 변변한 R 책도 시중에 없었으며, 하둡도 빅데이터 처리 기술로써 사람들의 입에 막 오르내리기 시작하던 시절이었습니다. 그렇게 정보가 열악한 상황 속에서 웹사이트를 찾아가며 프로젝트를 수행하던 때를 돌이켜보니 그 시절에 이 책이 있었더라면 얼마나 좋았을까 하는 생각이 듭니다.

당시에는 분석 기능은 뛰어나지만 확장성에 한계가 있는 R과 빅데이터의 저장 및 처리 능력에 독보적인 위치를 차지하고 있던 하둡을 연동하는 기술이 빅데이터 분석 분야의 은탄환silver bullet이 되지 않을까 생각했던 적이 있습니다. 하지만 세상 모든 일이 그렇듯이 모든 문제를 한 번에 해결해주는 솔루션은 존재하기 힘듭니다. 실제 현업에서는 빅데이터에 대한 분석 및 학습을 위해 이 책에서 소개하는 내용뿐만 아니라 머하웃이나 스파크 MLlibSpark MLlib 같은 오픈소스 기술이나 벤더에서 제공하는 상용 제품들을 잘 조합해서 용도와 특성에 맞게 활용하는 지혜가 필요합니다. 이 책이 이런 지혜를 발휘하는 데 조금이나마 도움이 되었으면 좋겠습니다.

하둡과 R이라는 어떻게 보면 아주 상이한 기술들을 연동하는 내용을 얇은 책에 모두 담아내려고 하다 보니 책의 내용이 전반적으로 함축적인 경향이 있습니다. 내용상 이해하기 힘든 부분이 있거나, 오픈소스 설치 및 소스코드 실행에 어려움이 있을 경우 메일로 문의해주시면 최대한 성심껏 답변드리겠습니다. 오랜 번역 작업을 잘 마무리할 수 있도록 이끌어주신 오원영님과 리뷰를 담당해주신 안건국님께 감사드립니다.

# 차 례

# 들어가며

대규모 기업 조직에서 생성되는 데이터의 양은 기하급수적으로 늘어나고 있으며, 이러한 방대한 양의 정보를 하둡 같은 저비용 플랫폼에 저장하는 것이 가능한 시대가 되었다.

최근 이 조직들은 이렇게 모은 데이터로 무엇을 할 것인지, 데이터로부터 어떻게 중요한 통찰을 얻을 것인지에 대한 문제에 직면해 있으며, 그 해결책으로 R이 주목받고 있다. R은 데이터로부터 고급 통계 모델링을 수행하고, 유도된 모델을 화려한 그래프나 시각화로 표현하며, 그 외에 데이터 과학에 연관된 다양한 기능들을 더욱 쉽게 수행할 수 있도록 도와주는 매우 놀라운 도구다.

그렇지만 R의 중요한 단점 중 하나는 확장성이 부족하다는 점이다. R 코어 엔진은 매우 제한된 양의 데이터만 처리할 수 있으며, 이러한 점을 보완하기 위해 빅데이터를 처리하는 데 많이 사용하는 하둡을 R과 연동하는 것은 자연스러운 일이다.

이 책은 R과 하둡, 그리고 하둡 플랫폼을 사용해서 어떻게 R의 데이터 분석 작업을 확장성 있게 만들 수 있는지에 대한 복잡한 내용들을 다룬다.

또한, 데이터 과학자, 통계학자, 데이터 아키텍트, 엔지니어 같이 문제를 해결하기 위해 R과 하둡으로 대량의 데이터를 처리, 분석하려는 다양한 독자들의 요구를 충족시켜줄 것이다.

R을 하둡과 연동해 사용함으로써 분석할 데이터셋의 크기에 따라 확장이 가능한 탄력적인 데이터 분석 플랫폼이 제공된다. 이를 통해 경험 많은 프로그래머는 맵리듀스 모듈을 R로 작성할 수 있고, 하둡의 병렬 처리 맵리듀스 메커니즘을 사용하면 데이터셋에서 패턴을 알아내기 위해 해당 모듈을 실행할 수 있다.

# R 소개

R은 데이터에 대해 통계 분석을 수행하는 오픈소스 소프트웨어 패키지다. R은 프로그래밍 언어며, 데이터 과학자나 통계학자 또는 데이터로부터 통계 분석을 수행하거나 회귀regression, 군집화clustering, 분류classification, 텍스트 분석text analysis 같은 메커니즘을 이용해 데이터로부터 중요한 통찰을 얻고자 하는 사람들이 사용한다. R은 GNUGeneral Public License를 따른다. 뉴질랜드 오클랜드 대학University of Auckland 의 로스 이하카Ross Ihaka, 로버트 젠틀맨Robert Gentleman 교수가 처음 개발하기 시작했고, 현재는 R 개발 코어 팀에서 개발하고 있다. 벨 연구소AT&T Bell Labs의 요한 챔버스Johan Chambers가 개발한 S 언어의 또 다른 구현으로 생각할 수도 있다. 몇 가지 중요한 차이점이 있지만 S 언어로 작성된 많은 코드를 변경하지 않아도 R 인터프리터 엔진에서 잘 작동한다.

R은 많은 통계 기법과 기계학습(선형과 비선형 모델링, 통계 검정, 시계열 분석, 분류, 군집), 그래픽 기술을 다양하게 제공하며 계속해서 확장되고 있다. R은 통계, 기계학습, 시각화 작업을 위한 확장 기능뿐만 아니라 다음과 같은 다양한 내장 기능도 갖추고 있다.

- 데이터 추출
- 데이터 클리닝
- 데이터 적재
- 데이터 변환
- 통계적 분석
- 예측 모델링
- 데이터 시각화

R은 오늘날 시장에서 사용 가능한 오픈소스 통계 분석 패키지 중에서 가장 인기 있는 도구 중 하나다. R은 다양한 플랫폼을 지원하며 매우 폭넓은 커뮤니티 지원을 받을 수 있고 계속해서 새로운 패키지를 추가하는 큰 사용자 커뮤니티를 갖고

있다. 또한 데이터 저장 작업을 위해 MySQL, SQLite, MongoDB, 하둡 같은 다른 컨테이너 서상소에 섭근이 가능하다.

## R의 기능 이해

R의 여러 가지 유용한 기능들을 살펴보자.

- 효율적인 프로그래밍 언어
- 관계형 데이터베이스 지원
- 데이터 분석
- 데이터 시각화
- 다양한 R 패키지를 통한 확장

## R의 대중성 연구

KD에서 제공한 다음 그래프에 의하면 데이터 분석과 데이터 마이닝에서 가장 대중적인 언어가 바로 R이다.

| 지난 12개월 동안 데이터 마이닝/데이터 분석에서 사용한 프로그래밍 언어는 무엇인가? | |
| --- | --- |
| R (257) | 45% |
| SQL (184) | 32% |
| Python (140) | 25% |
| Java (139) | 24% |
| SAS (121) | 21% |
| MATLAB (83) | 15% |
| C/C++ (73) | 13% |
| Unix shell/awk/gawk/sed (59) | 10% |
| Perl (45) | 7.9% |
| Hadoop/Pig/Hive (35) | 6.1% |
| Lisp (4) | 0.7% |
| Other (70) | 12.0% |
| None (7) | 1.2% |

다음 그래프는 2005년부터 2013년까지 R 사용자에 의해 릴리스된 R 패키지의 전체 개수에 관한 세부사항을 보여준다. 2012년에 급격한 성장세를 보이며 2013년에도 이러한 추세가 유지되고 있는 것처럼 보인다.

R은 아래와 같은 다양한 통계적 방법과 기계학습 방법론을 이용해 데이터 분석을 수행할 수 있게 해준다.

- 회귀
- 분류
- 군집화
- 추천
- 텍스트 마이닝

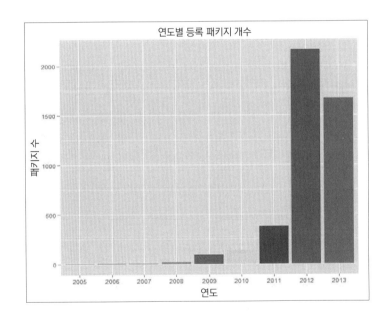

# 빅데이터 소개

빅데이터는 정형structured, 준정형semi-structured, 비정형unstructured일 수 있는 크고 복잡한 데이터셋을 다루며, 보통은 메모리에 적재해 처리할 수 없는 규모의 데이터를 다룬다. 또한 데이터가 존재하는 곳에서 계산 작업이 진행되는 방식으로 적절하게 데이터를 처리해야 한다. 빅데이터 시스템이나 애플리케이션을 실제로 구축하는 개발자와 이야기할 때는 3V의 의미를 통해 서로 더 잘 이해할 수 있다. 보통 빅데이터 모델에서 3V라 함은 속도velocity, 규모volume, 다양성variety을 말한다.

속도는 분석 작업을 수행할 때의 낮은 지연속도와 실시간성을 말한다. 소셜네트워크 사이트 또는 이질적인 데이터 소스로부터 지속적으로 유입되는 데이터 스트림을 분석하는 경우가 일반적인 예다.

규모는 데이터셋의 크기를 말한다. 데이터의 크기는 KB, MB, GB, TB, PB일 수 있는데, 이는 데이터를 생성하거나 수집하는 애플리케이션의 종류에 달렸다.

다양성은 텍스트, 오디오, 비디오, 사진 등 다양한 종류의 데이터가 있을 수 있다는 것을 말한다.

빅데이터는 보통 규모가 있는 데이터셋을 포함한다. 기존의 시스템은 비즈니스에서 요구하는 시간 간격 내에서 이러한 크기의 데이터를 처리하는 것이 불가능하다. 빅데이터의 규모는 계속해서 변하고 있으며, 2012년을 기준으로 단일 데이터셋이 수십 테라바이트에서 수 페타바이트 범위의 데이터를 포함한다. 이러한 난제에 직면해 나타나게 된 완전히 새로운 플랫폼을 빅데이터 플랫폼이라고 말한다.

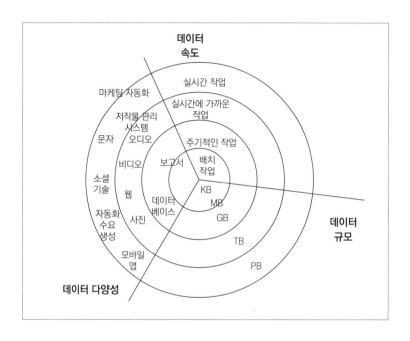

## 빅데이터를 보유한 기업 정보 소개

빅데이터를 보유하고 있는 대중적인 기업 중 일부를 아래에 소개한다.

- 페이스북: 40PB의 데이터를 보유하고 있으며 하루에 100TB씩 수집한다.
- 야후: 60PB의 데이터를 보유하고 있다.
- 트위터: 하루에 8TB씩 데이터를 수집한다.
- 이베이: 40PB의 데이터를 보유하고 있으며 하루에 50TB씩 수집한다.

얼마나 많은 양의 데이터를 빅데이터로 생각할 것인지는 회사마다 다르다. 어떤 회사의 빅데이터가 다른 회사에서는 작은 데이터인 것이 사실이다. 하지만 메모리나 디스크에 적재가 불가능하고 처리할 데이터가 빠르게 유입되며 분산 소프트웨어 스택으로 처리하는 편이 유리하다는 점이 빅데이터의 공통 사항이다. 어떤 회사는 10TB의 데이터를 빅데이터로 생각할 것이고, 다른 어떤 회사는 1PB를 빅데이터로 생각할 것이다. 그러므로 어떤 데이터가 실제로 빅데이터인지는 당사자만

이 결정할 수 있다. 다만 최소한 몇 테라바이트 정도는 넘어야 빅데이터라고 할 수 있을 것이나.

또한, 보유한 데이터를 충분하게 수집하고 유지하지 않았을 경우에 빅데이터 문제가 생기긴 않을지 자문해보는 것도 가치 있는 일이다. 어떤 경우에는 기업에서 데이터를 저장하고 처리할 효율적인 방법이 없기 때문에 데이터를 완전히 폐기한다. 하둡 같은 플랫폼을 이용하면 그 모든 데이터를 수집하고 저장하는 것이 가능해진다.

## 하둡 소개

아파치 하둡은 범용 하드웨어 장비로 구성된 대규모 클러스터상에서 많은 양의 데이터를 처리하고 질의하기 위한 오픈소스 자바 프레임워크다. 하둡은 최고 수준의 아파치 프로젝트로써, 야후와 더그 커팅이 시작했으며 하둡의 성공을 위해 기여하는 활발한 커뮤니티에 의해 유지되고 있다.

야후가 제공한 중요한 기술적 투자 덕분에 아파치 하둡은 기업 규모에도 적용 가능한 클라우드 컴퓨팅 기술로 발전했고, 이제는 빅데이터 처리를 위한 산업 표준 프레임워크가 되고 있다.

하둡은 대규모 컴퓨팅 분야의 자본 환경과 역학 구조를 바꾸고 있다. 하둡은 확장성, 비용 효율성, 유연성, 내고장성이라는 네 가지의 가장 두드러진 특징을 가진 솔루션이 될 수 있다.

## 하둡의 기능 소개

다음은 아파치 하둡의 두 가지 주요 기능이다.

- HDFS(하둡 분산 파일시스템)
- 맵리듀스

## 하둡 컴포넌트 살펴보기

하둡은 HDFS와 맵리듀스 위에서 만들어진 다른 제품들로 구성된 에코시스템을 포함하며, 플랫폼상에서 다양한 종류의 작업을 가능하게 한다. 대중적인 하둡 컴포넌트 중 몇 가지를 소개한다.

- **머하웃**Mahout: 확장성 있는 기계학습 알고리즘 라이브러리다.

- **피그**Pig: 대용량 데이터셋을 분석하기 위한 고수준 언어로, 데이터 분석 프로그램을 표현하기 위한 고유의 문법과 이러한 프로그램을 평가하기 위한 인프라스트럭처를 함께 가지고 있다.

- **하이브**Hive: 하둡을 위한 데이터웨어하우스 시스템으로, 쉬운 데이터 요약과 애드혹ad hoc 질의, HDFS에 저장된 대규모 데이터셋의 분석을 가능하게 해준다. 하이브는 하둡에 질의 명령을 제출하기 위해 사용되는 하이브 쿼리 언어HQL라는 고유의 SQL 질의 언어를 가진다.

- **HBase**Hadoop Database: 분산 및 컬럼 기반 데이터베이스다. HBase는 기반 저장소로 HDFS를 사용한다. HBase는 맵리듀스를 이용한 배치 스타일의 계산과 랜덤 읽기 같은 원자적 쿼리가 모두 가능하다.

- **스쿱**Sqoop: 아파치 스쿱은 하둡과 관계형 데이터베이스 사이에서 대량의 데이터를 효율적으로 전송하기 위해 디자인된 도구다. 스쿱은 SQ(L)과 (Had)oop으로 이루어진 약어다.

- **주키퍼**ZooKeeper: 설정 정보와 명칭, 분산 동기화, 그룹 서비스를 유지하기 위한 중앙 집중 서비스로 다양한 분산 시스템에서 매우 유용하게 사용된다.

- **암바리**Ambari: 아파치 하둡 클러스터에서 배포, 관리, 모니터링을 수행하기 위한 웹 기반 도구다. 하둡 HDFS, 하둡 맵리듀스, 하이브, HCatalog, HBase, 주키퍼, 우지OOZIE, 피그, 스쿱 등을 지원한다.

## R과 하둡을 함께 사용하는 이유

때때로 데이터는 HDFS에 다양한 포맷으로 존재한다. 많은 데이터 분석가는 R 환경에서 생산성이 높기 때문에 하둡 관련 도구로 저장된 데이터를 처리하기 위해 R을 사용하는 것은 자연스러운 일이다.

앞에서 언급한 것처럼 R의 강점은 풍부한 패키지 라이브러리를 사용해 데이터를 분석할 수 있는 능력에 있다. 하지만 대용량의 데이터셋은 작업하기 어렵다는 단점이 있다. 반면에 하둡은 TB 이상의 매우 큰 데이터뿐만 아니라 PB급 데이터도 저장하고 처리할 수 있다. 각 장비의 RAM은 거대한 데이터셋을 담을 수 없기 때문에 이렇게 큰 데이터셋은 메모리에서 처리될 수 없다. 대안으로는 데이터를 샘플링해 제한된 크기로 분석을 수행하는 방법을 사용하거나, R의 분석 능력과 하둡의 저장 및 처리 능력을 함께 활용하는 이상적인 솔루션을 사용할 수 있다. 이러한 솔루션은 아마존 EMR 같은 클라우드 플랫폼을 이용해 달성할 수도 있다.

## 이 책의 구성

**1장, R과 하둡 준비** 간단한 개요와 함께 R과 하둡을 설치하는 과정을 알아본다.

**2장, 하둡 맵리듀스 프로그램 작성** 하둡 맵리듀스의 기초를 소개하고 하둡을 이용해 맵리듀스를 실행하는 방법을 설명한다.

**3장, R과 하둡 연동** RHadoop과 RHIPE를 위한 맵리듀스 프로그램 샘플을 배포하고 실행하는 것을 다양한 데이터 처리 과정을 통해 설명한다.

**4장, R로 하둡 스트리밍 사용** R로 하둡 스트리밍을 사용하는 방법을 알아본다.

**5장, R과 하둡으로 데이터 분석** 실제 데이터 분석 문제의 시연을 통해 데이터 분석 프로젝트 라이프 싸이클을 살펴본다.

**6장, 기계학습을 이용한 빅데이터 분석** RHadoop을 이용해 기계학습 기법을 적용하는 빅데이터 분석 수행을 다룬다.

**7장, 다양한 DB에서 데이터 가져오기와 내보내기**  데이터를 가져오고 내보내기 위해 R에서 대중적인 관계형 데이터베이스와 상호작용하는 방법을 설명한다.

**부록, 참고자료**  모든 장에서 다루는 내용의 추가적인 자료에 대한 링크를 제공한다.

## 준비 사항

R과 하둡을 이용해 빅데이터 분석을 수행하기 때문에 R과 하둡에 대한 기본적인 지식과 더불어 실제 활용하는 방법도 알고 있어야 한다. 그리고 R과 하둡의 설치 및 설정이 완료된 장비가 필요하다. 대용량의 데이터와 함께 R과 하둡 같은 데이터 주도적인 기술을 이용해 해결 가능한 잘 정의된 문제를 이미 갖고 있다면 더 좋을 것이다.

## 이 책의 대상 독자

하둡으로 빅데이터 분석을 수행하는 방법을 찾고 있는 R 개발자에게는 R과 하둡을 연동하는 기술과 하둡 맵리듀스 프로그램을 작성하는 법, 개발을 위한 지침, R에서 하둡 맵리듀스를 실행하는 방법에 대해 소개하는 이 책이 많은 도움이 될 것이다. 또한 이 책은 하둡에 대해 이미 알고 있으면서 R 패키지를 이용해 빅데이터를 위한 지능적인 애플리케이션을 구축하려는 사람들에게도 유용할 것이다. 기본적인 R 지식이 있다면 도움이 된다.

## 편집 규약

정보의 종류를 구분하기 위해 여러 가지 편집 규약을 사용했다. 각 사용 예와 의미는 다음과 같다.

본문에서 코드 단어는 다음과 같이 표시한다.

"RHIPE 패키지의 rhwatch() 메소드로 맵리듀스 잡을 정의한다."

코드 블록은 다음과 같이 표시한다.

```
<property>
<name>mapred.job.tracker</name>
<value>localhost:54311</value>
<description>The host and port that the MapReduce job tracker runs at. If
"local", then jobs are run in-process as a single map and reduce task.
</description>
</property>
```

명령행 입력이나 출력은 다음과 같이 표시한다.

```
// 자바와 하둡 명령을 수행하기 위한 환경변수 설정
export HADOOP_HOME=/usr/local/hadoop
export JAVA_HOME=/usr/lib/jvm/java-6-sun
```

메뉴 혹은 대화 상자에 표시되는 단어는 다음과 같이 표시한다.

"CRAN 섹션을 클릭하고 CRAN mirror를 고른 후에 사용 중인 OS를 선택한다."

 경고나 중요한 노트는 박스 안에 이와 같이 표시한다.

 팁과 트릭은 박스 안에 이와 같이 표시한다.

## 독자 의견

독자로부터의 피드백은 항상 환영이다. 이 책에 대해 무엇이 좋았는지 또는 좋지 않았는지 소감을 알려주기 바란다. 독자 피드백은 독자에게 필요한 주제를 개발하는 데 매우 중요하다.

일반적인 피드백을 우리에게 보낼 때는 간단하게 feedback@packtpub.com으로 이메일을 보내면 되고, 메시지의 제목에 책 이름을 적으면 된다. 여러분이 전문 지식을 가진 주제가 있고, 책을 내거나 책을 만드는 데 기여하고 싶으면 www.packtpub.com/authors에서 저자 가이드를 참조하기 바란다.

## 고객 지원

팩트출판사의 구매자가 된 독자에게 도움이 되는 몇 가지를 제공하고자 한다.

### 예제 코드 다운로드

이 책에 사용된 예제 코드는 http://www.packtpub.com의 계정을 통해 다운로드할 수 있다. 다른 곳에서 구매한 경우에는 http://www.packtpub.com/support를 방문해 등록하면 파일을 이메일로 직접 받을 수 있다. 또한 에이콘출판사의 도서정보 페이지인 http://www.acornpub.co.kr/book/big-data-analytics-r-hadoop에서도 예제 코드를 다운로드할 수 있다.

### 오탈자

내용을 정확하게 전달하기 위해 최선을 다했지만, 실수가 있을 수 있다. 팩트출판사의 책에서 코드나 텍스트상의 문제를 발견해서 알려준다면 매우 감사하게 생각할 것이다. 그런 참여를 통해 다른 독자에게 도움을 주고, 다음 버전에서 책을 더 완성도 있게 만들 수 있다. 오자를 발견한다면 http://www.packtpub.com/support를 방문해 이 책을 선택하고, 정오표 제출 양식을 통해 오류 정보를 알려주기 바란다. 보내준 내용이 확인되면 웹사이트에 그 내용이 올라가거나, 해당 서적의 정오표 섹션에 그 내용이 추가될 것이다. http://www.packtpub.com/support에서 해당 타이틀을 선택하면 지금까지의 정오표를 확인할 수 있다. 한국어판은 에이콘출판사 도서 정보 페이지 http://www.acornpub.co.kr/book/big-data-analytics-r-hadoop에서 찾아볼 수 있다.

## 저작권 침해

저작권 침해는 모든 인터넷 매체에서 벌어지고 있는 심각한 문제다. 팩트출판사에서는 저작권과 라이선스 문제를 아주 심각하게 인식하고 있다. 어떤 형태로든 팩트출판사 서적의 불법 복제물을 인터넷에서 발견했다면 적절한 조치를 취할 수 있게 해당 주소나 사이트 명을 즉시 알려주길 부탁한다. 의심되는 불법 복제물의 링크를 copyright@packtpub.com으로 보내주기 바란다. 저자와 더 좋은 책을 위한 팩트출판사의 노력을 배려하는 마음에 깊은 감사의 뜻을 전한다.

## 질문

이 책에 관련된 질문이 있다면 questions@packtpub.com을 통해 문의하기 바란다. 최선을 다해 질문에 답해 드리겠다. 한국어판에 관한 질문은 이 책의 옮긴이나 에이콘출판사 편집팀(editor@acornpub.co.kr)으로 문의해주길 바란다.

# 1

# R과 하둡 준비

첫 장에서는 다음과 같이 R과 하둡에 대한 여러 주제를 다룬다.

- R 설치, 기능, 데이터 모델링
- 하둡 설치, 기능, 컴포넌트

'들어가며'에서 R과 하둡을 이미 소개했다. 이번 장에서는 이 두 가지 기술을 준비하고 실행하는 데 중점을 둔다. 최근까지 R은 주로 통계 분석을 위해 사용됐지만 함수와 패키지의 수가 늘어난 덕분에 이제는 기계학습, 시각화, 데이터 작업 같은 다양한 분야에서 많이 사용되고 있다. R은 모든 데이터(빅데이터)를 컴퓨터 메모리에 적재하지 못하므로 빅데이터를 적재하기 위해 하둡을 선택할 수 있다. 모든 알고리즘이 하둡에서 동작하지는 않으며, 이러한 알고리즘이 있더라도 일반적인 R 알고리즘은 아니다. 그럼에도 불구하고 R을 이용한 분석은 대량의 데이터에 관련된 여러 이슈가 있다. R은 데이터셋을 분석하기 위해 데이터를 메모리에 적재한다. 그래서 데이터셋이 크다면 "크기 x의 벡터를 할당할 수 없습니다." 같은 예외를 발생시키며 실패한다. 이런 이유로, 큰 데이터셋을 처리하기 위해 하둡 클러스터의 능력을 결합해 R의 처리 능력을 확대시킬 수 있다. 하둡은 병렬 처리를 제공하는 대중적인 프레임워크다. 그래서 작업을 완료하기 위해 하둡상에서 R 알고리즘이나 분석 처리를 사용할 수 있다.

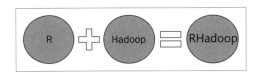

이렇게 결합된 형태의 RHadoop 시스템을 생각해보면, R은 데이터 적재, 탐사, 분석, 시각화 같은 데이터 분석 작업을 담당하고, 하둡은 데이터 병렬 저장소와 분산된 데이터에 대한 연산 작업을 담당할 것이다.

적정 비용의 빅데이터 기술이 등장하기 이전에는 단일 장비에서 제한된 데이터셋으로만 분석 작업을 수행했다. 고급 기계학습 알고리즘은 대량의 데이터셋에 적용되었을 때 매우 효과적인데, 이는 분산 데이터 저장 시스템에 데이터를 저장, 처리할 수 있는 대규모 클러스터에서만 가능하다. 다음 절에서는 다양한 운영체제에 R과 하둡을 설치하는 방법과 R과 하둡을 연동하는 방법을 살펴본다.


## R 설치

공식 R 웹사이트에서 적당한 버전을 다운로드할 수 있다.

여기서는 윈도우, 리눅스, 맥 OS 이렇게 세 가지 운영체제에서의 R 설치 방법을 소개한다. 최신 버전을 다운로드해 마지막 패치와 최근의 버그 수정이 반영된 R을 사용하자.

윈도우 운영체제에서는 다음 과정을 수행한다.

1. www.r-project.org를 방문한다.

2. CRAN 섹션을 클릭하고 CRAN mirror를 고른 후에 윈도우 OS를 선택한다(하둡은 거의 항상 리눅스 환경에서 사용되기 때문에 리눅스를 권상한다).

3. 최신 버전의 R을 미러 사이트에서 다운로드한다.

4. 다운로드한 .exe를 실행해 R을 설치한다.

우분투Ubuntu 계열 리눅스 운영체제에서는 다음 과정을 수행한다.

1. www.r-project.org를 방문한다.

2. CRAN 섹션을 클릭하고 CRAN mirror를 고른 후에 사용 중인 OS를 선택한다.

3. /etc/apt/sources.list 파일에 CRAN <mirror> 항목을 추가한다.

4. sudo apt-get update 명령을 이용해 저장소repository로부터 패키지 목록을 다운로드 및 갱신한다.

5. sudo apt-get install r-base 명령을 이용해 R 시스템을 설치한다.

RHEL/CentOS 계열 리눅스 운영체제에서는 다음 과정을 수행한다.

1. www.r-project.org를 방문한다.

2. CRAN 섹션을 클릭하고 CRAN mirror를 고른 후에 Red Hat OS를 선택한다.

3. R-core-*.rpm 파일을 다운로드한다.

4. rpm -ivh R-core-*.rpm 명령을 이용해 .rpm 패키지를 설치한다.

5. sudo yum install R 명령으로 R 시스템을 설치한다.

맥 OS 운영체제에서는 다음 과정을 수행한다.

1. www.r-project.org를 방문한다.

2. CRAN 섹션을 클릭하고 CRAN mirror를 고른 후에 사용 중인 OS를 선택한다.

3. pkg, gfortran-*.dmg, tcltk-*.dmg 파일을 다운로드한다.

4. R-*.pkg 파일을 설치한다.

**5.** 그 후에 gfortran-*.dmg와 tcltk-*.dmg 파일을 설치한다.

기본 R 패키지를 설치한 후에 RStudio를 설치하기를 권장한다. RStudio는 R을 위한 강력하고 직관적인 통합 개발 환경IDE, Integrated Development Environment이다.

 통계적 계산 및 예측 분석을 위한 최신 데이터 분석 도구로써 Revolution Analytics라는 회사의 R 배포판을 사용할 수 있다. 빅데이터 분석을 수행하기 위해 하둡 연동도 가능하다.

## RStudio 설치

RStudio를 설치하기 위해 다음 과정을 수행한다.

**1.** http://www.rstudio.com/ide/download/desktop을 방문한다.

**2.** 사용 중인 운영체제를 위한 최신 버전의 RStudio를 다운로드한다.

**3.** 설치 파일을 실행해 RStudio를 설치한다.

RStudio 조직 및 사용자 커뮤니티는 ggplot2, plyr, Shiny, Rpubs, devtools 등 그래픽과 시각화를 위한 많은 R 패키지를 개발했다.

## R 언어 특성의 이해

3,000개[1] 이상의 R 패키지가 존재하며 이 목록은 계속 증가하고 있다. 어떤 책이라도 이 모든 패키지들을 설명하는 것은 불가능하며, 이 책은 R의 핵심 기능과 함께 가장 자주 사용되고 인기 있는 패키지만을 다룬다.

---

1  2016년 현재 7,800개 이상의 패키지가 CRAN 사이트에 등록되어 있다. – 옮긴이

## R 패키지 사용

R 패키지는 필요한 것을 모두 갖추고 있는 독립적인 R 기능 단위이며, 함수로써 호출될 수 있다. 자바로 비유하면 .jar 파일에 해당한다. 통계적 연산과 기계학습부터 풍부한 그래픽 시각화 및 도식화plotting까지 포함하는 매우 폭넓은 작업을 위해 사용할 수 있는 다양한 R 패키지 라이브러리가 있다. 모든 패키지는 한 개 이상의 R 함수로 구성될 것이다. 하나의 R 패키지는 다른 사용자에게 공유되고 사용될 수 있는 재사용 가능한 개체다. R 사용자는 자기에게 필요한 기능을 포함하는 패키지를 설치하고 패키지 내의 함수를 호출할 수 있다. 이런 모든 패키지를 포괄하는 목록은 CRANComprehensive R Archive Network으로 알려진 http://cran.r-project.org/에서 찾을 수 있다.

## 데이터 작업 수행

R은 아주 다양한 작업을 가능하게 해준다. 평균값, 최대/최소값, 확률, 분산, 회귀와 같은 통계 작업과 선형회귀 분석, 로지스틱 회귀 분석, 분류, 군집화 같은 기계학습, 다음과 같은 일반적인 데이터 처리 작업이 가능하다.

- **데이터 정제**cleaning: 대량의 데이터에서 오류나 변질을 제거하고 수정한다.
- **데이터 탐색**exploration: 데이터의 모든 가능한 값을 탐색한다.
- **데이터 분석**analysis: 기술 분석과 예측 분석 데이터 시각화로 데이터에 대한 분석을 수행한다. 즉, 프로그램 결과물 분석의 시각화다.

효과적인 분석 애플리케이션을 구축할 때, 데이터를 파헤치고 편의적인 서비스로 분석하고 서드파티 서비스로 시각화하려고 종종 온라인 APIApplication Programming Interface를 사용해야 할 때가 있다. 또한, 데이터 분석 과정을 자동화하기 위해서는 프로그래밍이 가장 유용한 기능일 것이다.

R은 데이터 작업을 위한 자신만의 프로그래밍 언어를 가진다. 또한 다른 프로그래밍 기능과 R을 통합하는 데 도움을 주는 패키지도 있다. R은 객체지향 프로그래밍 개념을 지원한다. 자바, PHP, C, C++ 같은 프로그래밍 언어와의 통합도 또한 가

능하다. 데이터 분석을 지원하기 위한 중간 계층 프로그래밍 기능으로 동작하는 sqldf, httr, RMongo, RgoogleMaps, RGoogleAnalytics, google-prediction-api-r-client 같은 다양한 패키지도 있다.

## 커뮤니티 지원의 증가

R 사용자 수가 증가함에 따라 R과 연관된 그룹 또한 증가하고 있다. 그래서 R을 배우려는 사람들이나 개발자는 R 그룹이나 커뮤니티에 쉽게 접근해서 불확실한 문제를 해결할 수 있다.

다음은 유용한 정보를 얻을 수 있는 곳이다.

- **R 메일링 리스트**: R 프로젝트 소유자들이 만든 공식 R 그룹이다.

- **R 블로그**: 많은 R 애플리케이션에 대해 글을 작성하는 셀 수없이 많은 블로거들이 있다.

- **스택 오버플로**: 대단히 유용한 기술 지식 공유 플랫폼이다. 프로그래머가 기술적인 질문을 올리면 열성적인 프로그래머들이 해결책을 제시한다. 더 많은 정보를 얻으려면 http://stats.stackexchange.com/을 방문하라.

- **그룹**: 링크드인과 미트업에 많은 그룹이 존재한다. 각지의 전문가들이 그들의 문제와 획기적인 아이디어를 논의하기 위해 만남을 가진다.

- **책**: R에 관련된 많은 책이 있다. 롭 카바코프Rob Kabacoff가 쓴 『R in Action』 (Manning Publication), 조셉 애들러Jpseph Adler가 쓴 『R in a Nutshell』(O'Reilly Media), 얀창 자오Yanchang Zhao가 쓴 『R and Data Mining』(Academic Press), 리쉬 미탈Hrishi Mittal이 쓴 『R Graphics Cookbook』(Packt Publishing) 등의 책이 인기가 좋다.

## R에서 데이터 모델링 수행

데이터 모델링은 오랜 시간 축적된 데이터셋historical dataset에서 숨겨진 패턴을 확인하는 기계학습 기술이다. 이 패턴은 차후에 동일 데이터로부터 가치를 예측하는 데 도움이 된다. 이 기술은 사용자의 과거 행위에 주목하고 사용자들의 취향을 학습한다. 많은 유명한 회사에서 고객의 과거 트랜잭션에 기반해 고객 행위를 이해하기 위해서 대부분의 데이터 모델링 기술을 적용하고 있다. 이 기술은 데이터를 분석하고 고객이 무엇을 찾는지 예측할 것이다. 아마존, 구글, 페이스북, 이베이, 링크드인, 트위터 등의 많은 회사가 애플리케이션을 개선하기 위해 데이터 마이닝을 사용하고 있다.

가장 일반적인 데이터 마이닝 기술은 다음과 같다.

- **회귀**Regression: 통계학 분야에서 회귀 분석은 변수 값들에 적당히 들어맞는 직선을 찾아 두 개 이상의 변수들 간의 스칼라적 관계성scalar relationship을 확인하는 고전적인 기술이다. 그러한 관계성은 미래의 사건에 대한 변수값을 예측하는 데 도움이 될 것이다. 예를 들어, 어떤 변수 y는 y=mx+c 관계식에 의해 다른 변수 x의 선형 함수로써 모델링될 수 있다. 여기서 x는 독립변수, y는 종속변수, m은 직선의 기울기, c는 절편값이다. 이 회귀 분석을 통해 상품이나 서비스의 판매 예측과 주식 가격의 예측을 해낼 수 있다. R에서는 기본적으로 제공하는 lm 메소드를 통해 이런 회귀 기능을 제공한다.

- **분류**Classification: 훈련 데이터로써 제공된 관측값의 집합을 레이블링하는 데 사용되는 기계학습 기법이다. 이 기법으로 관측값을 하나 또는 그 이상의 레이블로 분류할 수 있다. 판매 가능성, 온라인 사기 검출, 의/과학을 위한 암 분류법은 분류 문제의 일반적인 응용분야다. 구글 메일은 이메일이 스팸인지 아닌지를 분류하기 위해 이 기술을 사용한다. R에서는 glm, glmnet, ksvm, svm, randomForest로 분류 기능을 제공한다.

- **군집화**Clustering: 아이템의 집합이 주어졌을 때 이것을 비슷한 아이템을 그룹으로 조직화하는 모든 방안을 말한다. 사용자 분할segmentation과 이미지 압축은 군집화 응용분야의 대표적인 사례이며 시장 분할, 소셜네트워크 분석, 컴퓨터 클러스터링 구조화, 천문학 데이터 분석 같은 군집화 응용 사례도 있다. 구글 뉴스는 비슷한 뉴스 아이템을 같은 카테고리로 묶기 위해 이 기법을 활용한다. 군집화를 위해서 R은 knn, kmeans, dist, pvclust, Mclust 메소드를 제공한다.

- **추천**<sub>Recommendation</sub>: 추천 알고리즘은 오늘날 가장 잘 알려진 기계학습 기법인 추천 시스템에서 사용된다. 웹 콘텐츠 추천은 비슷한 웹사이트, 블로그, 비디오, 관련 콘텐츠를 포함한다. 또한 온라인 아이템 추천은 끼워팔기<sub>cross-selling</sub>와 연쇄판매<sub>up-selling</sub>에도 도움이 될 수 있다. 고객의 과거 활동에 기반해서 책이나 휴대폰 또는 웹상에서 판매될 수 있는 어떤 아이템을 추천하려고 하는 온라인 쇼핑 포털이 많다. 아마존은 잘 알려진 이커머스 포털이며 판매의 29%가 추천을 통해 발생한다. R에서 추천 시스템은 recommenderlab 패키지의 Recommender()를 통해 구현된다.

## 하둡 설치

우리는 독자가 R에 대해 알고 있다고 가정한다. R이 무엇인지, 어떻게 설치하는지, R의 핵심 기능이 무엇인지, 왜 R을 사용하려고 하는지와 더불어 여기에서는 R의 한계점이 무엇인지 알 필요가 있다. 데이터를 처리하기 전에 R은 데이터를 램<sub>RAM, Random Access Memory</sub>에 적재해야 한다. 그래서 데이터는 컴퓨터에서 사용 가능한 메모리 크기보다 작아야 한다. 컴퓨터 메모리보다 큰 데이터를 빅데이터로 간주한다(빅데이터를 정의하는 다양한 기준이 있기 때문에 제한된 경우로만 국한한다).

이러한 빅데이터 이슈를 피하려면 하드웨어 설정을 늘려야 하지만 이 방법은 임시방편일 뿐이다. 이를 해결하기 위해서는 빅데이터를 저장하고 대규모 컴퓨터 클러스터상에서 병렬 연산을 수행할 수 있는 하둡 클러스터를 도입해야 한다. 하둡은 가장 일반적인 해결책이다. 하둡은 오픈소스 자바 프레임워크이며, 아파치 소프트웨어 재단<sub>Apache software foundation</sub>의 최상위 프로젝트다. 하둡은 구글 파일시스템과 맵리듀스에서 영감을 받았으며 주로 분산 처리로 빅데이터를 조작하기 위해 디자인되었다.

하둡은 주로 리눅스 운영체제를 지원한다. 윈도우에서 하둡을 구동하려면, 윈도우 운영체제에서 우분투를 호스팅하기 위해 VMware를 사용해야 한다. 하둡을 설치하고 사용하기 위한 많은 방법들이 있지만 여기서는 R을 가장 잘 지원하는 방법을 고려한다.

 기계학습은 모든 데이터 모델링 기법을 포함하며 이러한 기법들은 http://en.wikipedia. org/wiki/Machine_learning에서 찾을 수 있다.

하둡 설치에 관해 잘 정리된 마이클 놀(Michael Noll)의 블로그인 http://www.michael-noll.com/tutorials/running-hadoop-on-ubuntu-linux-single-node-cluster/를 참고 하라.

## 여러 가지 하둡 모드의 이해

하둡은 세 가지 다른 모드로 사용된다.

- **단일 모드**The standalone mode: 이 모드에서는 어떤 하둡 데몬도 시작할 필요 가 없다. 대신에 하둡 작업을 단일 자바 프로세스로 실행하는 ~/Hadoop-directory/bin/hadoop만 호출하면 된다. 이 모드는 테스트 용도로만 추천하며 기본 모드이기 때문에 어떠한 다른 설정도 필요 없다. NameNode, DataNode, JobTracker, TaskTracker 같은 모든 데몬은 단일 자바 프로세스 로 동작한다.
- **의사 모드**The pseudo mode: 이 모드에서는 모든 노드를 위해 하둡을 설정해줘 야 한다. 각 하둡 컴포넌트나 데몬을 위해 별도의 자바 가상 머신JVM, Java Virtual Machine이 생성spawn되어 단일 호스트상의 작은 클러스터처럼 구성된다.
- **완전 분산 모드**The full distributed mode: 이 모드에서 하둡은 여러 컴퓨터상에 분산 된다. 전용으로 할당된 호스트가 하둡 컴포넌트를 위해 설정된다. 그러므로 개 별 JVM 프로세스가 모든 데몬을 위해 실행된다.

## 하둡 설치 단계

여러 가지 방법으로 하둡을 설치할 수 있지만 여기서는 R과 연동이 쉬운 방향으로 진행한다. 설치와 접근이 용이한 우분투 운영체제를 선택한다.

1. 우분투 리눅스에 하둡을 설치한다(단일 노드와 멀티 노드 클러스터).

2. 우분투에 클라우데라Cloudera 하둡을 설치한다.

## 우분투 리눅스에 하둡 설치(단일 노드 클러스터)

우분투 리눅스에 의사 모드로 하둡을 설치하려면 아래의 선행조건이 만족되어야
한다.

- 썬Sun 자바 6

- 전용 하둡 시스템 사용자

- SSH 설정

- IPv6 비활성화

 여기서 제공하는 하둡 설치는 하둡 MRv1을 지원할 것이다.

다음 과정을 통해 하둡을 설치할 수 있다.

1. 아파치 소프트웨어 재단에서 최신 하둡 소스를 다운로드한다. 최신 버전은
   1.1.x이지만[2] 여기서는 아파치 하둡 1.0.3을 사용한다.

   ```
   // 하둡 설치 디렉토리로 이동
   $ cd /usr/local

   // 하둡 패포판 tar 파일 압축 해제
   $ sudo tar xzf hadoop-1.0.3.tar.gz

   // hadoop 디렉토리에서 하둡 리소스로 이동하기 위해
   $ sudo mv hadoop-1.0.3 hadoop

   // hadoop 디렉토리 소유자 설정을 사용자-hduser, 그룹-hadoop으로 만든다.
   $ sudo chown -R hduser:hadoop hadoop
   ```

---

2  2016년 현재 MRv1의 최신 버전은 1.2.x이다. – 옮긴이

**2.** $JAVA_HOME과 $HADOOP_HOME 환경변수를 하둡 시스템 사용자의 .bashrc 파일에 추가한다. 수정된 .bashrc 파일은 다음과 같다.

```
// 자바와 하둡 실행을 위해 환경변수를 설정
export HADOOP_HOME=/usr/local/hadoop
export JAVA_HOME=/usr/lib/jvm/java-6-sun

// 하둡 명령에 대한 별칭(alias)을 설정
unalias fs &> /dev/null
alias fs="hadoop fs"
unalias hls &> /dev/null
alias hls="fs -ls"

// lzop 명령으로 맵리듀스 잡 결과물을 압축하기 위한 함수 정의
lzohead() {
    hadoop fs -cat $1 | lzop -dc | head -1000 | less
}

// HADOOP_HOME 환경변수를 PATH에 등록
export PATH=$PATH:$HADOOP_HOME/bin
```

**3.** conf/*-site.xml 포맷을 가진 하둡 설정 파일을 수정한다.

마지막으로 세 개의 파일은 다음과 같을 것이다.

- conf/core-site.xml:

```
<property>
<name>hadoop.tmp.dir</name>
<value>/app/hadoop/tmp</value>
<description>다른 임시 디렉토리들을 위한 기본 디렉토리</description>
</property>
<property>
<name>fs.default.name</name>
<value>hdfs://localhost:54310</value>
<description>기본 파일시스템의 이름. URI의 스키마와 권한이 FileSystem 구현을 정한다.
URI에서 스키마는 FileSystem 구현 클래스 이름을 정하는 설정 속성(fs.SCHEME.impl)을 정한
다. 권한은 파일시스템을 위한 host, port 등을 결정하는 데 사용된다.</description>
</property>
```

- conf/mapred-site.xml:

```
<property>
<name>mapred.job.tracker</name>
<value>localhost:54311</value>
<description>맵리듀스 잡 트래커가 수행되는 호스트와 포트. "local"이라면 잡은 단일 맵과 리
듀스 태스크로 프로세스 내에서 실행된다. </description>
</property>
```

- conf/hdfs-site.xml:

```
<property>
<name>dfs.replication</name>
<value>1</value>
<description>기본 블록 복제본. 파일이 생성될 때 작성되는 실제 복제분의 수. 생성 시점에 따로 명
시하지 않으면 기본값이 사용된다.</description>
</property>
```

이 설정 파일들을 편집한 후에 하둡 클러스터나 노드상의 분산 파일시스템을 설정
해야 한다.

- 네임 노드NameNode에서 아래 명령을 사용해 하둡 분산 파일시스템HDFS, Hadoop Distributed File System을 포맷한다.

```
hduser@ubuntu:~$ /usr/local/hadoop/bin/hadoop namenode -format
```

- 다음 명령으로 단일 노드 클러스터를 시작한다.

```
hduser@ubuntu:~$ /usr/local/hadoop/bin/start-all.sh
```

 http://www.PacktPub.com에서 구매한 모든 팩트 책의 예제 코드 파일을 다운로드할 수
있다. 책을 다른 곳에서 구매했다면 http://www.PacktPub.com/support를 방문해서 직
접 보내진 이메일에 있는 파일을 가지고 등록하면 된다. 에이콘출판사 도서 정보 페이지
(http://www.acornpub.co.kr/book/big-data-analytics-r-hadoop)에서도 다운로드할
수 있다.

## 우분투 리눅스에 하둡 설치(멀티 노드 클러스터)

지금까지 단일 노드 클러스터에 하둡을 어떻게 설치하는지 배웠다. 이제 멀티 노드의 클러스터에서 하둡을 어떻게 설치하는지 살펴볼 것이다(완전 분산 모드).

이를 위해 단일 노드 하둡 클러스터로 설정된 여러 노드가 필요하다. 하둡을 멀티 노드에 설치하기 위해서 마지막 절에서 다룬 것과 동일하게 단일 노드 하둡 클러스터로 설정된 컴퓨터가 필요하다.

단일 노드 하둡 클러스터를 설치한 후에 다음 과정을 수행한다.

1. 네트워킹 단계에서 완전 분산 하둡 모드를 설정하기 위해 두 개의 노드를 사용할 것이다. 각 노드가 서로 통신하려면 소프트웨어와 하드웨어 설정 측면에서 같은 네트워크에 존재해야 한다.

2. 이 두 노드 중에서 한 노드는 마스터master로, 다른 한 노드는 슬레이브slave로 간주한다. 하둡 작업을 수행하려면 마스터 노드가 슬레이브에 연결되어야 한다. 여기서는 마스터를 192.168.0.1로, 슬레이브를 192.168.0.2로 설정한다.

3. 양쪽 노드에서 /etc/hosts를 편집하여 192.168.0.1 master와 192.168.0.2 slave를 추가한다.

 SSH 설정과 관련된 추가적인 내용은 http://www.michael-noll.com을 참고한다.

4. conf/*-site.xml을 갱신한다. 모든 노드에서 이 설정 파일들을 전부 변경해야 한다.
    - conf/core-site.xml과 conf/mapred-site.xml: 단일 노드 설정에서 이 파일들을 갱신했으므로 여기서는 단순히 localhost를 master로 대체한다.
    - conf/hdfs-site.xml: 단일 노드 설정에서 dfs.replication을 1로 설정했다. 이 값을 2로 갱신해야 한다.

5. 멀티 노드 클러스터를 시작하기 전에 HDFS 포맷 단계에서 아래 명령으로 HDFS를 포맷해야 한다(마스터 노드에서 수행).

   **bin/hadoop namenode -format**

이제 멀티 노드 하둡 클러스터 설치의 모든 과정을 완료했다. 다음 과정을 수행해 하둡 클러스터를 시작한다.

1. HDFS 데몬을 시작한다.

   **hduser@master:/usr/local/hadoop$ bin/start-dfs.sh**

2. MapReduce 데몬을 시작한다.

   **hduser@master:/usr/local/hadoop$ bin/start-mapred.sh**

3. 또는 하나의 명령으로 모든 데몬을 시작할 수 있다.

   **hduser@master:/usr/local/hadoop$ bin/start-all.sh**

4. 모든 데몬을 정지시킨다.

   **hduser@master:/usr/local/hadoop$ bin/stop-all.sh**

여기서 소개한 설치 과정은 유럽의 스위스에서 활동하고 있는 소프트웨어 엔지니어인 마이클 놀의 블로그(http://www.michael-noll.com)를 참고해 재작성했다. 그는 VeriSign에서 기술 리더로 일하고 있으며 아파치 하둡 스택에서 대규모 연산 인프라스트럭처를 연구하고 있다.

이제 하둡 클러스터가 당신의 컴퓨터에 설정되었다. 클라우데라Cloudera 도구를 활용하면 단일 또는 멀티 노드의 하둡 클러스터를 동일하게 설치할 수 있다.

## 우분투에 클라우데라 하둡 설치

클라우데라 하둡CDH, Cloudera Hadoop[3]은 엔터프라이즈 하둡 기술 배포를 목표로 하는 클라우데라의 오픈소스 배포판이다. 또한 클라우데라는 아파치 소프트웨어

---

3  2016년 현재 클라우데라 하둡 배포판의 최신 버전은 CDH5이다. - 옮긴이

재단의 스폰서다. CDH는 CDH3과 CDH4 이렇게 두 가지 버전을 사용할 수 있다. 이들 중 하나를 설치하려면 우분투 10.04 LTS 또는 12.04 LTS가 있어야 한다 (CentOS, Debian, RHEL 또한 가능하다). 클라우데라 매니저를 사용하면 GUI 기반으로 클러스터 전체에 하둡과 관련 컴포넌트를 설치할 수 있기 때문에 컴퓨터 클러스터에 하둡을 쉽게 설치할 수 있다. 큰 규모의 클러스터에서는 이 도구를 사용하기를 권장한다.

아래 전제 조건을 만족해야 한다.

* SSH 설정
* 아래 정책을 따르는 운영체제
  ○ 우분투 10.04 LTS 또는 12.04 LTS의 64비트 버전
  ○ 레드햇 엔터프라이즈 리눅스 5 또는 6
  ○ CentOS 5 또는 6
  ○ 오라클 엔터프라이즈 리눅스 5
  ○ SUSE 리눅스 엔터프라이즈 서버 11(SP1 또는 lasso)
  ○ 데비안 6.0

설치 과정은 다음과 같다.

1. **클라우데라 매니저 설치 파일을 다운로드 및 실행**: 클라우데라 매니저 설치 과정을 시작하려면 먼저 클라우데라 웹사이트의 다운로드 장소에서 cloudera-manager-installer.bin 파일을 다운로드해야 한다. 그 후, 모든 노드에서 접근할 수 있도록 클러스터에 파일을 저장한다. 사용자에게 cloudera-manager-installer.bin 파일의 실행 권한을 위한 소유권을 준다. 실행을 위해 아래와 같이 명령을 실행한다.

   ```
   $ sudo ./cloudera-manager-installer.bin
   ```

2. 클라우데라 매니저 README 파일을 숙지하고 **Next**를 누른다.

3. **클라우데라 매니저 관리 콘솔을 시작**: 클라우데라 매니저 관리 콘솔은 클라우데라 매니저를 사용해 클러스터상에서 하둡을 설치하고, 관리하고, 모니터링할 수 있게 해준다. 클라우데라 서비스 제공자로부터 라이선스를 얻고 나서, 웹 브라우저 주소창에 http://localhost:7180을 입력해 방문해야 한다. 지원하는 웹 브라우저는 다음과 같다.

   ○ 파이어폭스 11 이상

   ○ 구글 크롬

   ○ 인터넷 익스플로러

   ○ 사파리

4. 클라우데라 매니저 콘솔에 로그인한다. 기본 인증으로 username과 password에 모두 admin을 입력한다. 차후 취향에 따라 바꿀 수 있다.

5. **자동화된 CDH3 설치 및 설정을 위해 클라우데라 매니저를 사용**: 필요한 대부분의 클라우데라 하둡 패키지가 이 단계에서 설치될 것이다. 다음 과정을 참고하라.

   1. 전체 버전의 소프트웨어를 선택했다면 클라우데라 매니저 라이선스 키 파일을 설치하고 인증한다.

   2. CDH 클러스터 설치를 위해 호스트네임이나 IP 주소 대역을 기술한다.

   3. 각 호스트에 SSH로 연결한다.

   4. JDK~Java Development Kit~, 클라우데라 매니저 에이전트, CDH3 또는 CDH4를 각 클러스터 호스트에 설치한다(만약 아직 설치되어 있지 않다면).

   5. 각 노드에서 하둡을 설정하고 하둡 서비스를 시작한다.

6. 마법사를 실행하고 클라우데라 매니저를 사용한 후, 가능한 빨리 기본 관리자 비밀번호를 변경해야 한다. 관리자 비밀번호를 변경하려면 다음 과정을 참고하라.

   1. 기어 모양 아이콘을 클릭해 관리 페이지를 표시한다.

2. Password 탭을 선택한다.

3. 새로운 패스워드를 두 번 입력하고 나서 Update를 클릭한다.

7. **클라우데라 하둡 설치 테스트**: 해당 클러스터에 클라우데라 매니저가 잘 설치되었는지 체크하려면 Services 탭을 클릭해 클라우데라 매니저 관리 콘솔에 로그인한다. 아래 스크린샷과 유사한 화면을 확인할 수 있을 것이다.

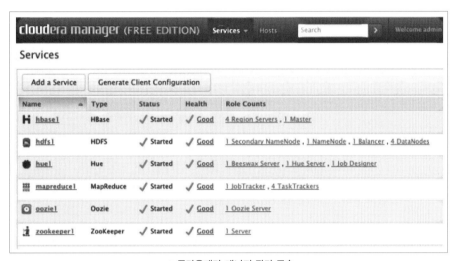

▲ 클라우데라 매니저 관리 콘솔

8. 각 서비스를 클릭해 더 자세한 정보를 볼 수 있다. 예를 들어, hdfs1 링크를 클릭하면 아래 스크린샷과 유사한 화면을 볼 수 있다.

▲ 클라우데라 매니저 관리 콘솔 – HDFS 서비스

이러한 설치 과정을 피하려면 Amazon Elastic MapReduce에서 제공하는 미리 설정된 하 둡 인스턴스를 사용하라.

윈도우에서 하둡을 사용하고 싶다면 호튼웍스(Hortonworks)에서 제공하는 HDP 도구 를 사용하라. HDP 도구는 100% 오픈소스이며 기업 환경 수준의 하둡 배포판이며 http:// hortonworks.com/download/에서 다운로드할 수 있다.

## 하둡 기능의 이해

하둡은 HDFS와 맵리듀스MapReduce 두 가지 핵심 개념을 위해 특별히 디자인되었 다. 둘 모두 분산 작업에 연관되어 있으며, 맵리듀스는 분산 데이터상에서 병렬 처 리를 수행하는 하둡의 핵심 부분으로 알려져 있다.

하둡의 기능에 대해 더 자세히 알아보자.

- HDFS
- 맵리듀스

### HDFS의 이해

HDFS는 하둡의 자체적인 랙 인식rack-aware 파일시스템이며, 하둡의 유닉스 기반 데이터 저장 레이어다. HDFS는 구글 파일시스템 개념에서 유래했다. 하둡의 중요 한 특성은 데이터와 연산이 수많은 노드로 분할된다는 점이다. 그리고 애플리케이 션 연산은 데이터에 가까운 곳에서 병렬로 실행된다. HDFS에서 데이터 파일은 클 러스터에서 연속된 블록으로 복제된다. 하둡 클러스터는 단순히 범용 서버를 추가 해 연상 용량, 저장 용량, I/O 대역폭을 확장한다. 애플리케이션에서 HDFS에 접근 할 수 있는 방법은 많다. 기본적으로 HDFS는 애플리케이션에서 사용할 자바 API 를 제공한다.

야후는 가장 큰 하둡 클러스터가 4,000대 서버이던 것을 40,000대의 서버로 확장해 40PB의 애플리케이션 데이터를 서비스하고 있다. 또한 백여 개의 세계적인 기업들이 하둡을 사용하는 것으로 알려져 있다.

## HDFS의 특성

HDFS의 특성에 대해 알아보자.

- 내고장성 Fault tolerant
- 범용 하드웨어에서 동작함
- 큰 데이터를 처리할 수 있음
- 마스터 슬레이브 패러다임
- 한 번의 파일 접근 쓰기만 가능

## 맵리듀스

맵리듀스는 큰 규모의 클러스터에 분산된 대용량 데이터셋을 처리하기 위한 프로그래밍 모델이다. 맵리듀스는 하둡의 핵심이다. 맵리듀스의 프로그래밍 패러다임은 하둡 클러스터로 구성된 수천 대의 서버에서 대규모의 데이터 처리를 수행할 수 있게 해준다. 하둡 맵리듀스는 구글 맵리듀스에서 유래했다.

하둡 맵리듀스는 애플리케이션을 쉽게 작성하기 위한 소프트웨어 프레임워크이며, 범용 하드웨어로 이루어진 큰 규모의 클러스터(수천 대의 노드)에서 대량의 데이터(수 테라바이트의 데이터셋)를 신뢰성과 내고장성을 보장하며 병렬로 처리할 수 있게 한다. 이러한 맵리듀스 패러다임은 맵과 리듀스 단계로 나뉘며 주로 데이터의 키와 값 쌍을 다루는 역할을 한다. 맵과 리듀스 태스크는 클러스터에서 순서대로 실행되며, 맵 단계의 출력이 리듀스 과정의 입력이 된다. 이 과정은 다음과 같다.

- **맵 과정**: 일단 데이터가 분할되고 나서, 데이터셋은 맵 태스크를 수행하기 위해 태스크 트래커에 할당된다. 맵 단계의 출력으로 키와 값 쌍을 쓰면서emit 데이터에 대한 기능적인 작업이 수행될 것이다.

- **리듀스 과정**: 그 후에 마스터 노드는 모든 하부 문제에 대한 해답을 수집하고 출력을 생성하기 위해 그 해답을 결합한다. 이 출력값이 처음 해결하려고 했던 문제에 대한 해답이다.

병렬로 연산 작업을 수행하는 일반적인 다섯 단계는 다음과 같다.

1. **Map()의 입력을 준비**: 입력 데이터가 행 단위로 들어오고 각 행에 대해 키와 값 쌍을 써준다. 또는 요구사항에 따라 명시적으로 변경할 수도 있다.
   - 맵 입력: `list(k1, v1)`

2. 사용자가 제공한 `Map()` 코드를 수행
   - 맵 출력: `list(k2, v2)`

3. 리듀스 프로세스를 위해 Map 출력을 섞는다shuffle. 동일한 키로 섞어서 그룹으로 묶고 나서 같은 리듀서에 입력한다.

4. **사용자가 제공한 Reduce() 코드를 수행**: 이 과정에서는 개발자가 구현한 리듀서 코드가 데이터를 키와 값으로 처리하고 값을 써준다.
   - 리듀스 입력: `(k2, list(v2))`
   - 리듀스 출력: `(k3, v3)`

5. **최종 출력을 생성**: 마지막으로 마스터 노드에서 모든 리듀서 출력을 수집하고 텍스트 파일로 쓴다.

 구글 파일시스템에 대해 살펴보기 위한 참조 링크는 http://research.google.com/archive/gfs.html에서 찾을 수 있다. 그리고 구글 맵리듀스는 http://research.google.com/archive/mapreduce.html에서 찾을 수 있다.

# HDFS와 맵리듀스 아키텍처

하둡 프레임워크의 가장 중요한 두 기능인 HDFS와 맵리듀스에 대해 더 자세히 알아볼 것이다. 우선 HDFS를 살펴보자.

## HDFS 아키텍처

HDFS는 마스터/슬레이브 아키텍처로 표현할 수 있다. HDFS 마스터를 네임 노드 NameNode라 하고 슬레이브를 데이터 노드 DataNode라고 한다. 네임 노드는 파일시스템 이름공간을 관리하고 클라이언트의 파일 접근(열기, 닫기, 이름 바꾸기 등)을 조정한다. 입력 데이터는 블록들로 나뉘며 어느 블록이 어떤 데이터 노드에 저장될 것인지를 알려준다. 데이터 노드는 분할된 데이터셋의 복제본을 저장하고 요청에 대해 데이터를 제공해주는 슬레이브 컴퓨터다. 또한 블록 생성과 삭제도 수행한다.

HDFS의 내부적인 메커니즘에 의해서 파일은 하나 이상의 블록으로 나뉘고, 이 블록들은 데이터 노드 그룹에 저장된다. 복제 계수를 3으로 하는 일반적인 환경에서, HDFS 정책은 첫 번째 복사본은 해당 노드에, 두 번째 복사본은 같은 랙의 다른 노드에, 세 번째 복사본은 다른 랙에 있는 다른 노드에 저장한다. HDFS가 큰 파일을 지원하도록 디자인되었기 때문에 HDFS 블록 크기는 64 MB로 정의된다. 필요에 따라 이 값을 증가시킬 수 있다.

### HDFS 컴포넌트

HDFS는 다음 컴포넌트를 포함하는 마스터/슬레이브 아키텍처로 관리된다.

- **네임 노드**: HDFS 시스템의 마스터다. 디렉토리, 파일을 유지하고, 데이터 노드에 존재하는 블록을 관리한다.

- **데이터 노드**: 각 컴퓨터에 배포되어 실제 스토리지를 제공하는 슬레이브다. 클라이언트로부터의 읽기, 쓰기 요청을 처리할 책임이 있다.

- **보조 네임 노드**: 주기적으로 체크포인트를 수행할 책임이 있다. 그래서 언제라도 네임 노드가 고장나면, 보조 네임 노드 체크포인트에 저장된 스냅샷 이미지로 대체될 수 있다.

## 맵리듀스 아키텍처

맵리듀스 또한 마스터/슬레이브 아키텍처로 구현되었다. 전형적인 맵리듀스는 잡 제출submission, 잡 초기화, 태스크 할당, 태스크 실행, 진행 상황 갱신, 잡 완료 연관 활동을 포함하며 주로 잡 트래커에 의해 관리되고 태스크 트래커에 의해 실행된다. 클라이언트 애플리케이션은 잡 트래커에게 잡을 제출한다. 그 후 입력이 클러스터 상에 분산된다. 그런 다음 잡 트래커는 처리될 맵과 리듀서의 수를 계산한다. 잡 트래커는 태스크 트래커에게 잡 실행을 시작하도록 명령한다. 태스크 트래커는 리소스를 로컬 컴퓨터에 복사하고, 데이터에 대해 수행할 맵과 리듀스 프로그램을 위해 JVM을 시작한다. 그리고 태스크 트래커는 잡 트래커에게 주기적으로 갱신 메시지를 보내는데 이 메시지는 JobID, 잡 상태, 리소스 사용량을 갱신하는 데 도움을 주는 하트비트heartbeat로 여길 수 있다.

### 맵리듀스 컴포넌트

맵리듀스는 다음 컴포넌트를 포함하는 마스터/슬레이브 아키텍처로 관리된다.

- **잡 트래커**: 맵리듀스 시스템의 마스터 노드이며 클러스터(태스크 트래커)에서 잡과 리소스를 관리한다. 잡 트래커는 각 맵을 처리될 실제 데이터에 가까운 태스크 트래커에 스케줄링하려고 시도해 해당 기반 블록에 대한 데이터 노드와 같은 곳에서 잡을 수행하게 된다.
- **태스크 트래커**: 각 컴퓨터에 배포되는 슬레이브다. 잡 트래커의 지시로 맵과 리듀스 태스크를 실행할 책임이 있다.

## HDFS와 맵리듀스 아키텍처를 그림으로 이해

다음 그림은 HDFS와 맵리듀스의 마스터와 슬레이브 컴포넌트 모두를 포함한다. 네임 노드와 데이터 노드는 HDFS에서, 잡 트래커와 태스크 트래커는 맵리듀스 패러다임에서 언급되었다.

마스터와 슬레이브로 구성되는 두 패러다임은 맵리듀스와 HDFS 작업을 처리하기 위한 자신만의 명확한 책임을 갖는다. 두 부분으로 나뉘는 아래 그림에서 윗쪽은 맵리듀스 계층이고 아래쪽은 HDFS 계층이다.

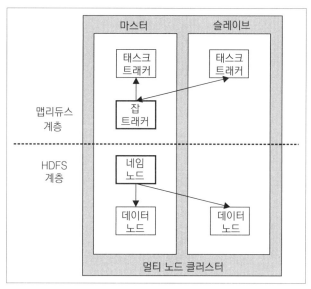

▲ HDFS와 맵리듀스 아키텍처

하둡은 최상위 아파치 프로젝트이고 매우 복잡한 자바 프레임워크다. 기술적 문제를 피하려고 하둡 커뮤니티는 하둡 기능에 추가적인 가치를 더하는 다수의 자바 프레임워크를 하둡 하위 프로젝트로 개발했다. 지금부터 HDFS와 맵리듀스의 추상화로 생각할 수 있는 여러 하둡 컴포넌트에 대한 논의를 시작해보자.

## 하둡 하위 프로젝트[4]의 이해

머하웃은 인기 있는 데이터 마이닝 라이브러리다. 가장 많이 사용되는 데이터 마이닝 알고리즘을 포함하며, 군집화, 분류, 회귀, 통계 모델링 수행을 위한 확장 가능한 기계학습 알고리즘을 보유하고 있다.

---

4 일반적으로 하둡 에코시스템(Hadoop Eco System)이라고 부름 – 옮긴이

아파치 머하웃은 상업 친화적인 아파치 소프트웨어 라이선스 하에서 배포된다. 아파치 머하웃의 목표는 프로젝트 자체뿐만 아니라 잠재적인 활용 사례까지 논의할 수 있는 강력하고 활성화된 커뮤니티를 구축하는 것이다.

다음은 머하웃을 사용하는 여러 회사들이다.

- **아마존**Amazon: 개인화 추천 제공을 위한 쇼핑 포털이다.

- **AOL**: 쇼핑 추천을 위한 쇼핑 포털이다.

- **드루팔**Drupal: 오픈소스 내용 기반 추천을 제공하기 위해 머하웃을 사용하는 PHP 콘텐츠 관리 시스템

- **iOffer**: 사용자에게 아이템을 추천하기 위해 머하웃의 협업 필터링collaborative filtering과 빈발 패턴 집합 마이닝Frequent Pattern Set Mining을 사용하는 쇼핑 포털이다.

- **루시드웍스**LucidWorks **빅데이터**: 유명한 분석 회사다. 군집화, 중복 문서 검출, 문구 추출, 분류 작업을 위해 머하웃을 사용한다.

- **라둡**Radoop: 빅데이터 분석을 위한 드래그 앤 드롭 인터페이스를 제공한다. 머하웃 군집화, 분류 알고리즘을 포함한다.

- **트위터**Twitter: 소셜네트워크 사이트다. 사용자 관심사 모델링을 위해 머하웃의 지연 디리클레 할당LDA, Latent Dirichlet Allocation 구현을 사용하며 깃허브GitHub에 머하웃의 포크fork를 관리한다.

- **야후**Yahoo!: 세계적으로 유명한 웹 서비스 제공자다. 야후 메일을 위해 머하웃의 빈발 패턴 집합 마이닝을 사용한다.

 하둡 에코시스템의 참조 링크는 http://www.revelytix.com/?q=content/hadoop-ecosystem에서 찾을 수 있다.

아파치 HBase는 하둡을 위한 분산 빅데이터 저장소이며, 빅데이터에 대한 임의 random 빛 실시간real-time 읽기/쓰기 접근을 제공한다. 구글 빅테이블Google BigTable 에서 영감을 받아 고안되어 컬럼 기반column-oriented 데이터 저장 모델로 디자인되었다.

HBase를 사용하는 회사들은 다음과 같다.

- **야후**: 세계적으로 유명한 웹 서비스 제공자다. 유사 중복 문서 검출near duplicate document detection에 활용하고 있다.

- **트위터**: 소셜 네트워크 사이트다. 버전 관리 저장소와 검색에 활용하고 있다.

- **마할로**Mahalo: 지식 공유 서비스에서 유사 콘텐츠 추천에 사용한다.

- **NING**: 소셜 네트워크 서비스 제공자다. 실시간 분석 및 리포팅에 사용한다.

- **스텀블어폰**StumbleUpon: 전 세계적인 개인화 추천 시스템이다. 실시간 데이터 저장소와 데이터 분석 플랫폼으로 사용한다.

- **Veoh**: 온라인 멀티미디어 콘텐츠 공유 플랫폼이다. 사용자 프로파일링 시스템에 사용한다.

 구글 빅테이블은 정형 데이터를 위한 분산 저장소 시스템이다. http://research.google. com/archive/bigtable.html을 참고하라

하이브Hive는 페이스북에서 개발한 하둡 기반의 데이터웨어하우징 프레임워크이며, HiveQL 같은 하둡 맵리듀스를 고도로 추상화한 SQL 유사 언어를 이용해 사용자가 쿼리를 할 수 있게 해준다. 하이브는 맵리듀스 경험이 없는 SQL 프로그래머가 데이터웨어하우스를 사용할 수 있게 해주며 실시간 쿼리 처리를 위해 비지니스 인텔리전스나 시각화 툴에 대한 연동을 쉽게 만들어 준다.

피그Pig는 자체적인 SQL 유사 언어인 Pig Latin을 통해 대규모 데이터셋을 분석하기 위한 하둡 기반의 오픈소스 플랫폼이다. 피그는 대량의 복잡한 데이터 병렬 연산을 위한 간단한 작업과 프로그래밍 인터페이스를 제공한다. 또한 잘 최적화돼

있고 확장성이 있어서 개발하기 쉽다. 아파치 피그는 야후에서 개발했고 현재는 야후와 트위터가 주요 피그 사용자다.

개발자들이 자바 API를 직접 사용하게 되면 작업이 지루하고 오류도 발생하기 쉽지만, 대신 자바 프로그래머가 하둡 프로그래밍을 유연하게 사용할 수 있다. 그래서 하둡은 데이터셋 관리를 위한 하둡 프로그래밍과 피그와 하이브처럼 맵리듀스를 쉽게 만든 데이터셋 분석 이렇게 두 가지 해결책을 제시한다.

아파치 스쿱Sqoop은 관계형 데이터베이스, 데이터웨어하우스, 비관계형 데이터베이스가 대량의 데이터를 새로운 방법으로 빠르게 전송하는 하둡 데이터 처리 플랫폼을 제공한다. 아파치 스쿱은 관계형 데이터베이스에서 하둡 HDFS로 데이터를 가져오고 HDFS로부터 관계형 데이터베이스로 데이터를 내보내는 쌍방향의 데이터 도구다.

스쿱은 MySQL, PostgreSQL, 오라클Oracle, 마이크로소프트 SQL 서버, IBM DB2와 기업형 데이터웨어하우스 같은 대부분의 최신 관계형 데이터베이스와 연동된다. 스쿱 확장 API는 데이터베이스 시스템을 위한 새로운 커넥터를 생성하는 방법을 제공한다. 또한, 스쿱 소스source는 몇몇 유명한 데이터베이스 커넥터에서 함께 제공한다. 이러한 작업을 수행하기 위해, 먼저 스쿱은 데이터베이스 스키마를 생성하고 변형하는 로직을 이용해 데이터를 하둡 맵리듀스로 변형시킨다.

아파치 주키퍼Zookeeper 또한 하둡 하위 프로젝트이며 하둡, 하이브, 피그, HBase, 솔라Solr 등 여러 프로젝트를 관리하는 데 사용된다. 주키퍼는 오픈소스 분산 애플리케이션 상호 조정 서비스coordination service이며 고속 팩서스 알고리즘 기반의Fast Paxos algorithm-based 동기화 및 설정을 위해 디자인되었다. 프로그래밍할 때 주키퍼 디자인은 시스템 디렉토리 트리 구조와 매우 흡사한 아주 간단한 데이터 모델 스타일이다.

주키퍼는 서버와 클라이언트 두 부분으로 나뉜다. 주키퍼 서버 클러스터에서는 오직 하나만 리더로 동작해 모든 권한을 수락하고 조율한다. 나머지 서버는 읽기 전용의 마스터 복사본이다. 만약 리더 서버가 다운되면, 다른 임의의 서버가 모든 요청에 대한 서비스를 시작할 수 있다. 주키퍼 클라이언트는 주키퍼 서비스로 서버에 연결된다. 클라이언트는 요청을 보내고, 응답을 받고, 옵서버 이벤트에 접근하고, TCP 연결을 통해 서버에 하트비트를 보낸다.

분산 애플리케이션에 대한 고성능 상호 조정 서비스로써, 주키퍼는 설정 정보, 네이밍naming 서비스, 분산 동기화 및 그룹 서비스를 유지하기 위한 중앙 집중화된 서비스다. 이런 모든 종류의 서비스는 분산 애플리케이션에서 여러 가지 형태로 사용된다. 이런 서비스를 구현할 때마다 버그와 필연적인 경쟁 조건을 고치는 데 많은 작업이 필요하다. 이런 서비스는 애플리케이션이 배포될 때 관리의 복잡성을 야기한다.

아파치 솔라는 아파치 라이선스 프로젝트로, 오픈소스 엔터프라이즈 검색 플랫폼이며 고도로 확장 가능하고 분산 검색과 색인 복제 엔진을 지원한다. 솔라는 강력한 텍스트 검색, 패싯 검색, 실시간 색인, 동적 군집화, 데이터베이스 통합, 풍부한 문서 처리를 지원하는 웹 애플리케이션을 구축할 수 있게 해준다.

아파치 솔라는 자바로 작성되었으며 REST 유사 HTTP/XML 및 JSON API로 검색 결과를 제공하기 위해 독립 실행standalone 서버로 동작한다. 그래서 이 솔라 서버는 다른 프로그래밍 언어로 작성된 애플리케이션과 쉽게 통합될 수 있다. 이러한 모든 기능 때문에 솔라 검색 서버는 넷플릭스Netflix, AOL, CNET, Zappos에서 사용된다.

암바리Ambari는 호튼웍스Hortonworks에 매우 특화되어 있다. 아파치 암바리는 아파치 하둡 클러스터의 설치, 관리, 모니터링을 지원하는 웹 기반 도구다. 암바리는 HDFS, 맵리듀스, 하이브, 피그, HBase, 주키퍼, 스쿱, HCatlog를 포함한 대부분의 하둡 컴포넌트를 중앙에서 관리한다.

추가로, 암바리는 커버로스Kerberos 인증 프로토콜에 기반해서 하둡 클러스터에 보안을 제공할 수 있으며, 역할 기반 사용자 인증authentication과 허가authorization, 사용자가 LDAP 및 액티브 디렉토리Active Directory와 연동해 관리할 수 있는 감사auditing 기능을 제공한다.

## 요약

이번 장에서는 R과 하둡으로 데이터셋을 분석하기 전에 R과 하둡이 무엇인지, 어떤 기능이 있는지, 어떻게 설치하는지를 알아보았다. 다음 장에서는 맵리듀스가 무엇인지 그리고 아파치 하둡으로 맵리듀스 프로그램을 어떻게 개발하는지 알아볼 것이다.

# 2
# 하둡 맵리듀스 프로그램 작성

이전 장에서 R과 하둡 개발 환경을 어떻게 설정하는지 배웠다. 빅데이터 분석 수행에 관심이 있다면 하둡 맵리듀스로 작업을 수행하기 위해 하둡을 배워야 한다. 이번 장에서는 맵리듀스가 무엇인지와 왜 필요한지, 맵리듀스 프로그램을 어떻게 개발하는지 등에 대해 알아볼 것이다.

이번 장에서 다룰 내용은 다음과 같다.

- 맵리듀스의 기본 이해
- 하둡 맵리듀스 소개
- 하둡 맵리듀스의 기초
- 하둡 맵리듀스 예제 작성
- 비즈니스 문제 해결을 위한 여러 가지 가능한 맵리듀스 정의
- R에서 하둡 맵리듀스를 작성하기 위한 여러 가지 방법 학습

## 맵리듀스의 기본 이해

클러스터를 보유하고 있지 않거나 MPIMessage Passing Interface를 사용한 경험이 없다면 맵리듀스의 기본을 이해하는 것은 오랜 시간이 걸린다. 그러나 분산 파일시스템DFS, Distributed File System상에서 하나의 디스크로 처리할 수 없는 데이터를 다루고 있거나 데이터가 이미 하둡 관련 소프트웨어에 존재할 때는 맵리듀스가 더 현실적인 활용 예로 다가올 것이다.

맵리듀스는 분산 방식으로 동작하는 프로그래밍 모델이다. 하지만 MPI나 BSPBulk Synchronous Parallel 같은 다른 프로그래밍 모델을 살펴보면, 맵리듀스가 분산 방식으로 동작하는 유일한 모델은 아니라는 것을 알 수 있다. R 또는 여러 기계학습 기술 같은 도구를 활용해 빅데이터를 처리하려면 고성능 컴퓨터가 필요하다. 그러나 그것이 언제나 옳은 해결책은 아니다. 분산 처리는 빅데이터를 다루는 핵심이며 이러한 분산 계산 작업을 맵리듀스 프로그래밍 모델로 구현할 수 있다.

맵리듀스는 빅데이터에 대한 해결책 중 하나다. 병렬 처리가 필요한 데이터를 처리한다는 것은 필연적으로 많은 계산 작업을 처리한다는 것을 의미한다. 이는 컴퓨터를 클러스터로 묶거나 또는 컴퓨터를 더 좋은 스펙으로 설정해 달성할 수 있다. 대량의 데이터를 처리하려면 컴퓨터 클러스터를 사용하는 편이 좀 더 이상적인 방법이다.

맵리듀스의 병렬 처리에 대해 더 이야기하기 전에, 구글의 맵리듀스 연구와 제프리 딘Jeffrey Dean과 산제이 게마와트Sanjay Ghemawat가 2004년에 쓴 백서white paper에 대해 논의해볼 것이다. 저자들은 맵리듀스를 대규모 클러스터에서 간편하게 데이터를 처리하는 소프트웨어로 소개했다. 맵리듀스 구현은 범용 하드웨어로 이루어진 대규모 클러스터에서 동작한다. 이 데이터 처리 플랫폼은 프로그래머가 다양한 작업을 수행하기 쉽게 만들어준다. 시스템은 입력 데이터를 처리하고, 데이터를 컴퓨터 네트워크상에 분산해 병렬로 처리한 후에 최종적으로 출력 결과들을 차후에 취합될 하나의 파일로 결합한다. 클러스터상에서 대량의 데이터셋을 처리할 때, 이러한 시스템은 비용 관점에서 매우 효율적이며 시간도 절약하게 해준다. 또한 이 시스템은 거대한 데이터에서 분석을 수행하기 위해 컴퓨터 리소스를 효율적으로 사용할 것이다. 구글은 맵리듀스에 대한 특허를 쥐득했다.

맵리듀스를 활용하려면 애플리케이션을 맵과 리듀스 두 단계로 작성 및 디자인해야 한다. 프로그래머는 중간 키-값 쌍 집합을 만들기 위해 키-값 쌍을 처리하는 맵 함수와 모든 중간 키를 병합하는 리듀스 함수를 디자인해야 한다. 맵과 리듀스 함수 모두 맵리듀스 워크플로우를 유지한다. 리듀스 함수는 맵 완료 후 또는 맵 출력 결과가 사용 가능하게 된 이후에 코드 수행을 시작할 것이다.

맵리듀스 실행 순서는 다음과 같다.

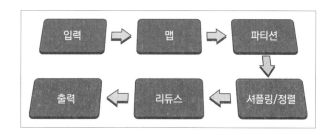

맵리듀스에서 맵은 독립적이고 병렬로 수행될 것으로 가정한다. 맵리듀스 알고리즘의 핵심은 맵과 리듀스가 네트워크상에서 진행 중인 다른 모든 맵과 리듀스에 독립적이라면, 해당 작업이 별도의 키와 리스트의 데이터로써 병렬로 수행될 것이라는 점이다.

분산 파일시스템은 여러 개의 데이터 복제본을 각각 다른 컴퓨터에 나누어 저장하며 이는 내고장성fault tolerance뿐만 아니라 신뢰성reliability도 제공한다. 파일의 한 복사본을 가진 컴퓨터가 고장나면 또 다른 데이터 소스의 복제본이 동일한 데이터를 제공한다.

맵리듀스 마스터 노드의 데몬은 개별 잡 태스크 실패나 배치 잡의 완료뿐만 아니라 잡 실행이나 맵퍼Mapper, 리듀서Reducer, 컴바이너Combiner, 파티셔너Partitioner와 같은 잡의 스케줄링 그리고 잡 성공 모니터링 등 맵리듀스 잡에 대한 모든 책임을 진다.

아파치 하둡은 하둡 분산 파일시스템에 저장된 데이터와 가까운 서버에서 하둡 맵리듀스 잡을 병렬적인 방법으로 수행해 분산 데이터를 처리한다.

다음과 같은 회사에서 맵리듀스를 사용한다.

- **아마존**Amazon: 온라인 이커머스와 빅데이터 분석을 위한 클라우드 웹 서비스 제공자다.
- **이베이**eBay: 물건에 대한 설명으로 상품을 찾는 이커머스 포털이다.
- **구글**Google: 특정 토픽에 관련된 연관 페이지를 찾는 웹 검색 엔진이다.
- **링크드인**LinkedIn: 빅데이터 저장소와 개인화 추천을 제공하는 전문직 네트워킹 사이트다.
- **트로빗**Trovit: 주어진 설명에 맞는 직업을 찾기 위한 분야별 전문 검색vertical search 엔진이다.
- **트위터**Twitter: 메시지를 찾기 위한 소셜네트워킹 사이트다.

이러한 기업 외에도 빅데이터 분석을 위해 하둡을 사용하는 다양한 회사들이 있다.


## 하둡 맵리듀스 소개

기본적으로 맵리듀스 모델은 여러 언어로 구현될 수 있지만, 그것과 별개로, 하둡 맵리듀스는 애플리케이션을 쉽게 작성할 수 있는 인기 있는 자바 프레임워크다. 맵리듀스는 많은 양의 데이터(수 테라바이트 데이터셋)를 범용 하드웨어로 구성된 대규모 클러스터(수천 대 노드)에서 신뢰성 있고 내고장성을 지원하도록 병렬로 처리한다. 이러한 맵리듀스 패러다임은 주로 키-값 쌍의 데이터를 처리하는 맵과 리듀스 두 과정으로 나뉜다. 맵과 리듀스 태스크는 클러스터에서 차례로 실행되며, 맵 과정의 출력이 리듀스 과정의 입력이 된다.

맵리듀스에서 모든 데이터 입력 부분은 갱신될 수 없다. 맵 태스크를 위한 입력 (키, 값) 쌍이 바뀐다면 입력 파일에서 반영되지 않을 것이다. 맵퍼 결과는 입력에서 키 속성으로 분류된 적당한 리듀서로 연결될 것이다. 이러한 순차적인 데이터 처리는 하둡 클러스터와 하둡 맵리듀스 알고리즘의 도움으로 항상 병렬로 수행될 것이다.

맵리듀스 프로그램은 리스트 형태의 입력 데이터셋 표현을 역시 리스트 형태인 출력 데이터로 변형시킨다. 이러한 논리적인 리스트 변환 과정은 대개 맵과 리듀스 과정에서 두 번 반복된다. 또한 맵퍼와 리듀서의 수를 조절해 이 반복을 조절할 수 있다. 다음 절에서는 맵리듀스 컨셉을 구 맵리듀스 API[1]에 기반해 설명한다.

## 하둡 맵리듀스 개체 나열

다음은 빅데이터상에서 분석을 수행하기 위한 하둡의 여러 컴포넌트들이다.

- **클라이언트**: 잡을 초기화한다.
- **잡 트래커**: 잡을 모니터링한다.
- **태스크 트래커**: 잡을 실행한다.
- HDFS: 입력과 출력 데이터를 저장한다.

## 하둡 맵리듀스 시나리오

하둡 맵리듀스가 데이터를 처리하는 주요 4단계는 다음과 같다.

- HDFS로 데이터 로딩
- 맵 단계 수행
- 셔플링과 정렬
- 리듀스 단계 수행

---

1 MRv1에서도 사용이 중지된(deprecated) 구 API를 사용하는 것이 다소 구식이라고 느껴지는 분들은 https://hadoop. apache.org/docs/r1.2.1/mapred_tutorial.html에서 신규 API로 작성된 튜토리얼을 참고하기 바란다. – 옮긴이

## HDFS로 데이터 로딩

맵리듀스 노드가 사용할 수 있도록 입력 데이터셋을 하둡 디렉토리에 업로드해야 한다. 그러면 HDFS는 입력 데이터셋을 데이터 스플릿split으로 나누고, 내고장성을 지원하기 위한 복제 계수replication factor에 따라 클러스터의 데이터 노드상에 스플릿을 저장한다. 모든 데이터 스플릿은 맵과 리듀스 태스크를 위한 태스크 트래커에서 병렬로 처리된다.

또한, 여러 하둡 컴포넌트로 HDFS에 데이터셋을 저장하는 여러 방법이 있다.

- **스쿱**: 대량의bulk 데이터를 아파치 하둡과 정형의 관계형 데이터베이스 사이에서 효율적으로 전송하기 위해 디자인된 오픈소스 도구다. 애플리케이션이 이미 MySQL 데이터베이스로 구성되어 있고 이 데이터로 데이터 분석을 수행하기를 원한다면, 스쿱을 사용해서 데이터베이스에서 HDFS로 데이터셋을 가져오는 것을 추천한다. 또한 데이터 분석 작업 완료 후에는 MySQL 데이터베이스로 결과물을 내보낼 수 있다.

- **플럼**: 대량의 로그 데이터를 효율적으로 HDFS에 수집collecting, 집계aggregating, 이동moving하기 위한 신뢰성 있는 분산 서비스다. 플럼은 로그 파일, 시스템 로그, 유닉스 프로세스의 표준 출력 같은 대부분의 소스로부터 데이터를 읽을 수 있다.

앞에서 소개한 데이터 수집, 이동 프레임워크를 사용하면 데이터 분석 맵리듀스 애플리케이션을 위한 데이터 전송 과정을 쉽게 처리할 수 있다.

## 맵 단계 수행

클라이언트 애플리케이션을 수행하면 하둡 맵리듀스 프로세스가 시작된다. 맵 과정은 잡 리소스(압축 해제된 클래스 jar 파일)를 복사해 HDFS에 저장하고 잡 실행을 위해 잡 트래커에 요청을 보낸다. 잡 트래커는 잡을 초기화하고 입력을 가져와 정보를 분할한 후 각 잡을 위한 맵 태스크를 생성한다.

잡 트래커는 할당된 입력 데이터 부분에 대한 맵 태스크를 실행하기 위해 태스크 트래커를 호출할 것이다. 맵 태스크는 이 입력 스플릿 데이터를 맵퍼 메소드에 제공된 입력 (키, 값) 쌍으로 읽고 나서 중간 (키, 값) 쌍을 생성한다. 각 입력 (키, 값) 쌍에 대해 적어도 하나의 출력이 존재한다.

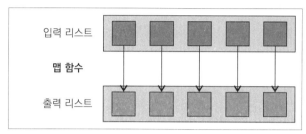

▲ 입력 리스트의 개별 요소 매핑

키 속성이 여러 번 반복되는 형태로 (키, 값) 쌍의 리스트가 생성되며, 맵리듀스에서 값을 집계하도록 키 속성이 리듀서에서 재사용된다. 포맷까지 고려해보면 맵퍼 출력 포맷 값과 리듀서 입력 값은 같아야 한다.

맵 작업 완료 후에 태스크 트래커는 그 결과를 버퍼와 로컬 디스크 공간에(출력 데이터 크기가 임계값보다 클 때) 남겨둘 것이다.

예를 들어 입력 텍스트를 소문자로 변환하는 맵 함수가 있다고 가정하면, 맵은 입력 문자열의 리스트를 소문자 문자열의 리스트로 바꿀 것이다.

 **키와 값:** 맵리듀스에서 모든 값은 키로써 인식되는 식별자를 가진다. 맵퍼가 받아들이는 키-값 쌍은 잡 설정 파일에 기술된 입력 데이터 타입에 의존적이다.

## 셔플링과 정렬

맵리듀스 프로그램의 최적화를 위해 이 중간 과정이 매우 중요하다.

맵 단계로부터 나온 맵퍼의 출력을 사용할 수 있게 되면 바로 이 중간 단계가 자동적으로 호출될 것이다. 파티셔너가 제공되었다면, 맵 단계 완료 후 맵퍼 단에서는 파티셔너가 모든 중간 (키, 값) 쌍을 분할할 것이다. 파티셔너의 출력은 맵퍼 단에서 키 속성 기반으로 정렬될 것이다. 정렬 작업의 출력은 맵퍼 노드 즉, 태스크 트래커의 버퍼 메모리에 저장될 것이다.

컴바이너는 종종 리듀서 자체일 수 있다. 컴바이너는 Gzip 또는 이와 유사한 압축 기술이 아니라 맵이 데이터를 출력하는 노드에서의 리듀서라 할 수 있다. 컴바이너가 반환한 데이터는 고루 섞인shuffle 후에 리듀스 노드로 보내진다. 태스크 트래커에서 맵퍼의 출력을 리듀서 슬롯으로 더 빠르게 전송하기 위해 컴바이너 기능으로 출력 데이터를 압축할 필요가 있다. 기본적으로 맵퍼의 출력을 버퍼 메모리에 저장하며, 출력 크기가 임계값보다 큰 경우에는 로컬 디스크에 저장될 것이다. 이 출력 데이터는 HTTPHypertext Transfer Protocol를 통해 전송한다.

## 리듀스 단계 수행

맵퍼 출력을 사용할 수 있게 되면, 리듀서 노드의 태스크 트래커는 곧바로 파티션된 맵 출력 데이터를 가져올 것이다. 그리고 그룹으로 함께 묶어서 하나의 큰 파일로 병합해 리듀스 메소드 프로세스에 할당할 것이며 마지막으로 데이터가 리듀서 메소드에 제공되기 전에 정렬될 것이다.

리듀서 메소드는 입력(키, 값의 리스트)으로부터 입력 값의 리스트를 받아서 사용자가 제공한 로직에 따라 그것을 취합하고 출력 (키, 값) 쌍을 생산한다.

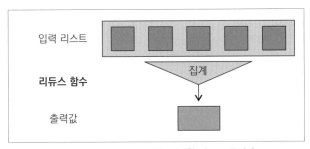

▲ 출력으로써, 입력 값들을 집계한 값으로 줄인다

리듀스 과정에서 리듀서 메소드의 출력은 맵리듀스 잡 설정 클래스에 기술된 포맷에 따라 직접 HDFS로 써진다.

## 맵리듀스의 제약

하둡 맵리듀스의 제약 몇 가지를 살펴보자.

- 맵리듀스 프레임워크는 실시간 스트리밍, 그래프 처리, 메시지 전달 같은 복잡한 변형 로직의 활용이 어렵기로 악명 높다.

- 분산 환경에서 비색인 데이터에 대한 데이터 질의Querying는 색인 데이터로 생성된 데이터베이스에서보다 비효율적이다. 그러나 데이터에 대한 색인이 생성되었다면 데이터가 추가 및 삭제될 때 관리가 필요하다.

- 전체적인 처리 시간을 줄이기 위해 리듀스 태스크를 맵 태스크와 병렬로 수행할 수는 없다. 리듀스 태스크가 맵 태스크의 출력을 사용할 수 있을 때까지는 시작되지 않기 때문이다(리듀서의 입력은 전적으로 맵퍼의 출력에 의존성이 있다). 또한 맵과 리듀스 태스크의 실행 순서를 제어할 수 없다. 그러나 때로는 애플리케이션 로직에 따라 맵 태스크가 완료되고 곧바로 데이터를 수집하기 시작할 때 인스턴스에서 리듀스 태스크를 늦게 시작하도록 설정할 수 있다.

- 리듀스 태스크가 완료되기까지 너무 오래 걸려서 실패하거나 또는 다시 스케줄링하기 위한 추가적인 리듀스 슬롯이 없을 경우, 열악한 리소스 활용 때문에 오랫동안 실행 중인 리듀스 태스크가 완료되지 않을 수도 있다(이 문제는 YARN에서 해결되었다).

## 문제 해결을 위해 하둡의 능력

이 책은 분석에 초점을 맞추고 있기 때문에 분석 예제를 제공하는 게 적절할 수도 있다. 예를 들어 독자가 앞에서 소개한 것과 비슷한 문제를 갖고 있다면 하둡이 유용할지도 모른다. 하지만 하둡이 모든 빅데이터 이슈에 대한 광범위한 해결책을 주지는 않는다. 하둡은 거대한 데이터가 작은 덩어리chunk로 나뉘어 병렬적으로 처리될 서버상에 분산되었을 때 사용하기에 적당한 기술이며 대용량 데이터셋 분석을 수행하는 데 들어가는 시간과 비용을 절약시켜준다.

해결하려는 문제를 맵과 리듀스 과정으로 디자인할 수 있다면 맵리듀스로 그 문제를 해결할 수 있을 것이다. 보통 하둡은 컴퓨터 메모리가 감당하기 힘든 데이터를 처리하는 계산 능력을 제공한다(R 사용자는 보통 큰 데이터를 처리할 때 "2.5GB 크기의 벡터를 할당할 수 없습니다." 같은 에러 메시지를 발견한다).

## 하둡 프로그래밍에서 사용되는 여러 가지 자바 컨셉

하둡을 더 인터랙티브하게 만드는 전형적인 자바 컨셉들은 다음과 같다.

- **원격 프로시저 호출**RPC, Remote Procedure Calls: 컴퓨터 프로그램이 다른 주소 공간(보통 공유 네트워크상의 다른 컴퓨터)에서 서브루틴이나 프로시저를 실행하게 해주는 프로세스 간 통신이며, 프로그래머가 원격 인터랙션에 대한 상세 부분을 명시적으로 코드로 작성하지 않아도 된다. 즉 프로그래머는 기본적으로 서브루틴이 로컬에서 실행되는지 원격에서 실행되는지에 상관없이 동일한 코드를 작성한다.

- **직렬화/역직렬화**Serialization/Deserialization: 직렬화에서 자바 가상 머신JVM, Java Virtual Machine은 객체의 상태를 특정 스트림에 쓸 수 있다. 그래서 기본적으로는 모든 멤버를 읽을 수 있고 상태를 스트림stream과 디스크 등에 쓸 수 있다. 기본 메커니즘이 이진binary 포맷이라서 텍스트 포맷보다 더 간략하다. 이를 통해 컴퓨터는 데이터를 네트워크상에서 전송할 수 있다. 역직렬화는 반대의 경우이며 네트워크 상에서 데이터 객체를 받기 위해 사용된다.

- **자바 제네릭**generic: 타입이나 메소드가 다양한 자료형의 객체로 동작하게 하면서도 컴파일 타임 자료형 안정성을 제공하며 자바를 완전히 정적 타입 언어로 만들어준다.

- **자비 컬렉션**collection: 이 프레임워크는 다양한 자료형의 단일 자바 객체로 이루어진 데이터 컬렉션을 다루기 위한 클래스와 인터페이스의 집합이다.

- **자바 동시성**concurrency: 병렬 프로그래밍을 지원하기 위해 디자인되었으며 모든 실행이 각 스레드의 컨텍스트로 일어난다. 주로 단일 운영체제 프로세스에서 스레드의 집합으로 계산 프로세스를 구현하는 데 사용된다.
- **POJO**Plain Old Java Objects: 사실, 일반적인 자바 빈이다. POJO는 데이터 객체의 값을 가져오거나 세팅할 때 임시로 사용된다.

## 하둡 맵리듀스의 기초

하둡 맵리듀스의 기초를 적절히 이해하기 위해서 다음을 살펴볼 것이다.

- 맵리듀스 객체의 이해
- 맵리듀스에서 맵의 개수를 어떻게 결정하는지
- 맵리듀스에서 리듀스의 개수를 어떻게 결정하는지
- 맵리듀스의 데이터 흐름
- 하둡 맵리듀스에서 사용하는 용어

### 맵리듀스 객체의 이해

이미 알고 있는 것처럼 하둡에서 맵리듀스의 동작은 주로 맵퍼, 리듀서, 드라이버 Driver 이 세 객체로 수행된다.

- **맵퍼**: 맵리듀스의 맵 과정을 위해 디자인되었다. 입력 파일을 나르고 여러 조각으로 분할해 맵리듀스 작업을 시작한다. 각 조각에 대해 맵퍼는 키-값 데이터 쌍을 출력값으로 내보낸다.
- **리듀서**: 맵리듀스의 리듀스 과정을 위해 디자인되었다. 리듀서는 맵퍼의 출력에서 키를 기준으로 그룹핑한 데이터를 받아들이며 집계aggregation 로직에 의해 데이터를 감소시켜 값 그룹에 대한 (키, 값) 쌍을 내보낸다.

- **드라이버**: 맵리듀스 프로세스를 시작하는 주 역할을 담당하는 파일이다. 매개변수가 주어진 클라이언트 애플리케이션으로부터 요청을 받아 맵리듀스 태스크 실행을 시작한다. 드라이버 파일은 잡의 환경 설정을 세팅하고 잡을 하둡 클러스터에 제출하는 역할을 한다. 드라이버 코드는 명령행으로부터 인자를 받아들이는 main() 메소드를 포함할 것이다. 하둡 맵리듀스 잡의 입력과 출력 디렉토리는 이 프로그램에서 설정될 것이다. 드라이버는 잡 이름, 잡의 입출력 포맷, 맵퍼, 컴바이너, 파티셔너, 리듀서 클래스같은 잡 설정의 세부사항을 정의하는 주요 파일이다. 맵리듀스는 이 드라이버 클래스의 main() 함수를 호출해 시작된다.

모든 문제를 단일 맵과 리듀스 프로그램으로 해결할 수 있는 것은 아니지만 많은 경우에 단일 맵과 리듀스 태스크만으로 문제를 해결할 수 있다. 때로는 다수의 맵과 리듀스 태스크로 구성된 맵리듀스 잡을 만들어야 할 때도 있다. 데이터 추출, 데이터 정제, 데이터 병합 같은 데이터 조작 작업을 수행해야 할 때 이러한 형태의 잡을 디자인하게 된다. 많은 문제들은 다수의 맵퍼와 리듀서 태스크를 단일 잡에 작성해야 해결할 수 있다. 다수의 맵과 리듀스 태스크에서 순차적으로 호출될 맵리듀스 과정은 맵1 다음 리듀스1, 맵2 다음에 리듀스2 같이 구성된다.

다수의 맵과 리듀스 태스크로 구성된 맵리듀스 잡을 작성해야 할 때, 맵리듀스 애플리케이션 드라이버가 태스크를 순차적으로 수행하도록 작성해야 한다.

맵리듀스 잡 제출 시점에 사용자는 맵퍼 입력과 하둡 용량에서 구한 결과를 기반으로 생성될 맵 태스크와 리듀스 태스크의 수를 지정할 수 있다. 맵퍼와 리듀서 개수를 반드시 지정해야 하는 것은 아니다.

## 맵리듀스에서 맵의 개수 결정

맵의 개수는 보통 입력 데이터의 크기와 데이터 스플릿 블럭 크기에 의해 정해지며 HDFS 파일 크기/데이터 스플릿으로 계산한다. 그러므로 블럭 크기가 128MB일 때 5TB의 HDFS 데이터 파일이 있다면 해당 파일에서는 40,960개의 맵이 생성될 것이다. 그러나 투기적 실행<sub>speculative execution</sub> 때문에 이 숫자보다 많은 수의 맵퍼가 생성되는 경우도 있다. 이는 입력이 파일인 경우에 해당하며 전적으로 InputFormat 클래스에 의해 결정된다.

하둡 맵리듀스 수행 과정에서, 한 번 할당된 맵퍼와 리듀서가 끝나기까지 너무 오랜 시간이 걸리면 잡 전체의 결과물 산출이 지연될 것이다. 하둡에서 이런 현상을 피하기 위해서 투기적 실행으로 동일한 맵 또는 리듀스 태스크에 대한 다수의 복사본을 수행할 수 있다. setNumMapTasks(int) 하둡 API로부터 맵퍼의 개수에 대한 아이디어를 얻을 수 있다.

## 맵리듀스에서 리듀서의 개수 결정

리듀서의 개수는 맵퍼의 입력을 기반으로 생성된다. 그러나 맵리듀스에서 리듀서의 수를 직접 지정한다면 클러스터에 얼마나 많은 노드가 존재하는지는 중요하지 않고 설정에 기술된 값으로 수행된다.

추가적으로 명령행에서 맵리듀스 명령에 -D mapred.reduce.tasks를 덧붙여 리듀서의 개수를 런타임에 원하는 숫자로 설정할 수 있다. 프로그램적으로는 conf.setNumReduceTasks(int)로 설정할 수 있다.

## 맵리듀스의 데이터 흐름

지금까지 기본적인 맵리듀스 잡을 가능하게 해주는 컴포넌트를 살펴보았다. 이제 상위 레벨에서 이 모든 컴포넌트들이 어떻게 함께 동작하는지 알아볼 것이다. 아래 다이어그램을 통해 여러 노드로 구성된 하둡 클러스터에서 맵리듀스 데이터의 흐름을 이해할 수 있다.

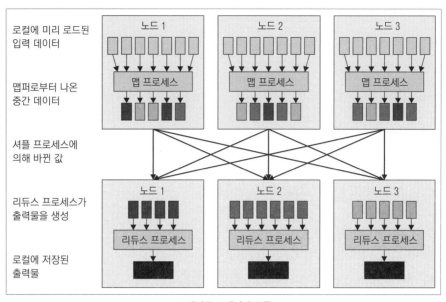

로컬에 미리 로드된
입력 데이터

노드 1          노드 2          노드 3

맵퍼로부터 나온
중간 데이터

맵 프로세스    맵 프로세스    맵 프로세스

셔플 프로세스에
의해 바뀐 값

리듀스 프로세스가
출력물을 생성

노드 1          노드 2          노드 3

리듀스 프로세스  리듀스 프로세스  리듀스 프로세스

로컬에 저장된
출력물

▲ 맵리듀스 데이터 흐름

하둡 맵리듀스에서는 새로운 하둡(하둡 1.x와 2.x) API와 구 하둡(0.20) API 두 가지를 사용할 수 있다. YARN은 다음 세대 하둡 맵리듀스이며 하둡 리소스 매니저를 릴리스하는 새로운 아파치 하둡 하위 프로젝트다.

하둡 데이터 처리는 입력 데이터로부터 최종 결과를 완수하는 데 도움을 주는 다음과 같은 다양한 태스크를 포함한다.

1. HDFS에 데이터를 읽어들인다.

2. 드라이버를 호출해 맵리듀스를 수행한다.

3. 맵퍼에서 입력 데이터를 읽고 분할 데이터에 대해 사용자 로직을 수행해 결과를 산출하며 중간 키-값 쌍을 생성한다.

4. 하둡 맵리듀스 처리 전반을 최적화하기 위해 컴바이터와 셔플 과정을 수행한다.

5. 정렬을 수행하고 중간 키-값 쌍을 리듀스 과정에 제공한다. 그 다음 리듀스 과정이 실행된다. 리듀서 태스크는 이렇게 파티션된 키-값 쌍을 받아 리듀서 로직에 기반해 데이터를 취합한다.

**6.** 최종 출력 데이터는 HDFS에 저장된다.

다음과 같은 다양한 데이터 작업에 대해 맵과 리듀스 태스크를 정의할 수 있다.

- 데이터 추출extraction
- 데이터 로딩loading
- 데이터 분할segmentation
- 데이터 정제cleaning
- 데이터 변환transformation
- 데이터 통합integration

이 장의 나머지 부분에서 맵리듀스 태스크에 대한 자세한 사항들을 다룰 것이다.

## 하둡 맵리듀스에서 사용하는 용어

이 절에서는 하둡 맵리듀스 데이터 흐름의 세부사항을 여러 맵리듀스 용어와 구체적인 자바 클래스를 통해 살펴볼것이다. 이전 절에서 살펴본 맵리듀스 데이터 흐름 그림에서 다수의 노드는 분산 처리를 수행하기 위해 네트워크로 연결된다. 맵과 리듀스 과정의 다음 속성들은 최종 결과를 얻는 데 중요한 역할을 한다.

맵 과정의 속성은 다음과 같다.

- `InputFiles`는 입력을 나타낸다. 비즈니스 분석을 위해 생성되거나 추출된 HDFS에 저장된 원시 데이터를 말한다. 입력 파일은 매우 크며 여러 유형으로 사용할 수 있다.

- `InputFormat`은 입력 파일을 처리하기 위해 텍스트의 각 줄에서 오프셋과 내용을 얻는 자바 클래스이며, 입력 데이터 파일을 어떻게 분할하고 읽을지를 정의한다. 맵과 리듀스 과정에 관련된 입력 포맷으로 `TextInputFormat`, `KeyValueInputFormat`, `SequenceFileInputFormat` 같은 여러 가지 입력 유형을 세팅할 수 있다.

- InputSplits 클래스는 데이터 스플릿의 크기를 결정하기 위해 사용된다.

- RecordReader는 데이터 스플릿을 순회하면서 키와 값을 가져오는 여러 메소드를 가지는 자바 클래스다. 또한 현재 진행 상태를 가져오는 메소드도 포함한다.

- Mapper 인스턴스는 맵 과정을 위해 생성된다. 맵퍼 클래스는 입력으로 RecordReader가 생성한 (키, 값) 쌍을 입력받고, Map() 메소드에 사용자가 정의한 코드를 수행해 중간 (키, 값) 쌍을 처리한다. Map() 메소드는 주요 입력 매개변수로 키와 값을 받아들인다. 그 외의 나머지 매개변수로는 OutputCollector와 Reporter가 있다. 맵퍼는 중간 키-값 쌍을 해당 잡의 리듀스 과정에 제공할 것이다. Reporter는 주기적으로 현재 잡의 상태를 잡 트래커에게 제공한다. 잡 트래커는 나중에 잡을 마쳤을 때 사용하기 위해 이 값들을 취합한다.

리듀스 과정의 속성은 다음과 같다.

- 맵 과정을 완료한 후 생성된 중간 (키, 값) 쌍은 해시 함수에서 키 속성의 유사성을 기반으로 분할된다. 각 맵 태스크는 (키, 값) 쌍을 파티션에 쓸 것이며, 같은 키에 대한 값은 어느 맵퍼에서 온 것인지에 상관없이 모두 함께 리듀스로 처리될 것이다. 파티셔닝과 셔플링은 맵 과정이 완료된 후 맵리듀스 잡에 의해 자동적으로 수행될 것이며 개별적으로 호출할 필요도 없다. 또한 맵리듀스 잡의 요구에 따라 각 로직에 대한 코드를 명시적으로 오버라이드할 수도 있다.

- 파티셔닝과 셔플링이 끝나고 리듀스 태스크를 시작하기 전에, 중간 (키, 값) 쌍은 하둡 맵리듀스 잡에 의해 키 속성 값을 기반으로 정렬된다.

- 리듀스 인스턴스는 리듀스 과정을 위해 만들어지며, 리듀스 태스크를 수행하는 사용자 제공 코드 부분이다. Reducer 클래스의 reduce() 메소드는 map() 메소드와 동일하게 주 입력 매개변수 두 개와 OutputCollector, Reporter를 인자로 받아들인다. OutputCollector는 맵과 리듀스에서 모두 같은 기능을 한다. 하지만 리듀스 과정에서 OutputCollector는 다음 맵 과정에 대한 결과를 제공하거나(다수의 맵리듀스 잡의 조합으로 구성된 경우에) 요구사항에 대한 잡의

최종 결과물로써 레포트를 제공한다. `Reporter`는 수행 중인 태스크의 현재 상태를 주기적으로 잡 트래커에게 제공한다.

● 마지막으로 `OutputFormat`에서는 생성된 결과 (키, 값) 쌍이 제공된다.

● `RecordWriter`는 출력 데이터를 적절한 포맷으로 쓰기 위해 `OutputFormat`에 의해 사용된다.

● 결과 파일은 맵리듀스 잡이 완료된 후에 `RecordWriter`가 HDFS에 쓴 출력 데이터다.

맵리듀스 잡을 효과적으로 수행하기 위해서는 관리 작업을 수행하는 하둡 셸 명령에 대한 약간의 지식이 필요하다. 다음 표를 참고하라.

| 셸 명령 | 사용법과 코드 샘플 |
| --- | --- |
| cat | 소스 경로의 내용을 표준 출력으로 복사한다.<br>Hadoop fs −cat URI [URI ...] |
| chmod | 파일의 퍼미션을 수정한다.<br>Hadoop fs −chmod [−R] 〈MODE[, MODE]... \| OCTALMODE〉 URI [URI ...] |
| copyFromLocal | 파일을 로컬 스토리지에서 HDFS로 복사한다.<br>Hadoop fs −copyFromLocal 〈localsrc〉 URI |
| copyToLocal | 파일을 HDFS에서 로컬 스토리지로 복사한다.<br>Hadoop fs −copyToLocal [−ignorecrc] [−crc] URI 〈localdst〉 |
| cp | HDFS에 있는 파일을 소스에서 목적지로 복사한다.<br>Hadoop fs −cp URI [URI ...] 〈dest〉 |
| du | 파일의 길이를 취합해 표시한다.<br>Hadoop fs −du URI [URI ...] |
| dus | 파일 길이의 요약 정보를 표시한다.<br>Hadoop fs −dus 〈args〉 |
| get | 로컬 파일시스템으로 파일을 복사한다.<br>Hadoop fs −get [−ignorecrc] [−crc] 〈src〉〈localdst〉 |
| ls | HDFS에서 현재 디렉토리의 모든 파일 목록을 표시한다.<br>Hadoop fs −ls 〈args〉 |

(이어짐)

| 셸 명령 | 사용법과 코드 샘플 |
| --- | --- |
| mkdir | HDFS에서 디렉토리를 생성한다. <br> Hadoop fs −mkdir ⟨paths⟩ |
| mv | 소스에서 목적지로 파일을 이동한다. <br> Hadoop fs −mv URI [URI ...] ⟨dest⟩ |
| rmr | 현재 디렉토리로부터 파일들을 제거한다. <br> Hadoop fs −rmr URI [URI ...] |
| setrep | 파일의 복제계수(replication factor) 속성을 바꾼다. <br> Hadoop fs −setrep [−R] ⟨path⟩ |
| tail | 파일의 마지막 내용을 표준 출력에 표시한다. <br> Hadoop fs −tail [−f] URI |

## 하둡 맵리듀스 예제 작성

단어 수를 세는 예제를 살펴보면서 맵리듀스에 대해 좀 더 알아보자. 예제의 목적은 제공된 문서에서 각 단어가 몇 번 등장하는지 계산하는 것이다. 이 문서는 맵리듀스의 파일 입력으로 생각할 수 있다.

이 예제에서는 준비된 텍스트 파일 집합이 있으며, 이 파일들에 존재하는 모든 유일한 단어의 빈도수를 확인하려고 한다. 하둡 맵리듀스 과정을 디자인해 이를 수행할 것이다.

이번 절에서 하둡 맵리듀스의 구 버전 API를 사용해 하둡 맵리듀스 프로그래밍을 좀 더 살펴볼 것이다. 여기서는 독자가 이미 1장에 기술한 대로 하둡 환경을 구성했다고 가정한다. 또한 단어의 개수를 세기 위해 R을 사용하지 않고 오직 하둡만 사용할 것이라는 점에 유의한다.

기본적으로 하둡 맵리듀스의 세 가지 주요 객체는 맵퍼와 리듀서와 드라이버다. 이 객체들은 각각 맵 과정을 기술하는 맵 클래스, 리듀스 과정을 기술하는 리듀서 클래스, 하둡 맵리듀스 프로그램을 시작하기 위한 main() 메소드를 기술하는 드라이브 클래스 이렇게 세 개의 자바 클래스로 개발할 수 있다.

앞에서 살펴본 하둡 맵리듀스 기초 부분에서 이미 맵퍼, 리듀서, 드라이버가 무엇인지 살펴보았다. 이제 자바로 각 클래스를 어떻게 정의하는지 배울 것이다. 이후의 장에서는 R과 하둡을 조합하는 방법에 대해 구체적으로 알아보자.

 맵리듀스를 작성하는 데 사용되는 많은 언어와 프레임워크가 존재하며 이들 모두 각자 다른 강점을 가진다. 맵리듀스에서 고반응성을 제공할 수 있도록 수정해야 할 여러 인자들에 대해 클라우데라가 작성한 문서 http://blog.cloudera.com/blog/2009/05/10-mapreduce-tips를 참고하라.

맵리듀스 개발을 쉽게 하려면 이전 버전의 맵리듀스 API를 지원하도록 메이븐이 설정된 이클립스를 사용하라.

## 맵리듀스 잡 수행 과정

하둡으로 맵리듀스를 수행하기 위한 단계를 알아보자.

1. 초기 단계에서 자바 클래스를 준비할 때, 비즈니스적으로 해결하려는 문제 정의에 대한 하둡 맵리듀스 프로그램을 개발할 필요가 있다. 이번 예제에서는 단어 수 세기 문제를 고려해본다. 이를 위해 `Map.java`, `Reduce.java`, `WordCount.java` 3개의 자바 클래스를 개발하며, 이는 제공된 텍스트 파일에서 단어의 빈도수를 계산하는 데 사용된다.

   o `Map.java`: 단어 수 세기 맵퍼를 위한 맵 클래스다.

```
// 클래스의 패키지 정의
package com.PACKT.chapter1;

// 자바 라이브러리 임포트
import java.io.*;
import java.util.*;
import org.apache.hadoop.io.*;
import org.apache.hadoop.mapred.*;
```

```
// 맵 클래스 정의
public class Map extends MapReduceBase implements
            Mapper<LongWritable, Text, Text, IntWritable> {

    // 특정 로직으로 데이터를 처리하기 위한 map 메소드 정의
    public void map(LongWritable key,
                Text value,
                OutputCollector<Text , IntWritable> output,
                Reporter reporter)
                throws IOException {

        // 문자열을 토큰으로 자르고 소문자로 변환한다.
        StringTokenizer st = new StringTokenizer(value.toString().
            toLowerCase( ));

        // 모든 문자열 토큰에 대해
        while(st.hasMoreTokens()) {

            // 값을 1로 해 (키, 값) 쌍을 써준다.
            output.collect(new Text(st.nextToken()), new IntWritable(1));
        }
    }
}
```

○ Reduce.java: 단어 수 세기 맵퍼를 위한 리듀스 클래스다.

```
// 클래스의 패키지 정의
package com.PACKT.chapter1;

// 자바 라이브러리 임포트
import java.io.*;
import java.util.*;
import org.apache.hadoop.io.*;
import org.apache.hadoop.mapred.*;

// 리듀스 클래스 정의
public class Reduce extends MapReduceBase implements
            Reducer <Text,
                    Int Writable,
```

```
                                 Text,
                                 IntWritable> {

    // 생성된 맵 과정 결과물을 집계하기 위한 reduce 메소드 정의
    public void reduce(Text key,
                       Iterator<IntWritable> values,
                       OutputCollector<Text, IntWritable> output,
                       Reporter reporter) throws IOException {

        // 초기 카운터 값을 0으로 설정
        int count = 0;

        // 동일한 키 속성을 가진 모든 요소에 대해 카운터 값을 1씩 증가시킨다.
        while(values.hasNext()) {
            count += values.next().get();
        }

        // (키, 값) 쌍을 써준다.
        output.collect (key, new IntWritable(count));
    }
}
```

○ WordCount.java: 하둡 맵리듀스 드라이버 파일에서 드라이버 태스크를 담당한다.

```
// 클래스의 패키지 정의
package com.PACKT.chapter1;

// 자바 라이브러리 임포트
import java.io.*;
import org.apache.hadoop.fs.*;
import org.apache.hadoop.io.*;
import org.apache.hadoop.mapred.*;
import org.apache.hadoop.util.*;
import org.apache.hadoop.conf.*;

// 잡 설정 정보를 위한 Wordcount 클래스 정의
public class WordCount extends Configured implements Tool{
    public int run(String[] args) throws IOException{
```

```java
JobConfconf = new JobConf(WordCount.class);
    conf.setJobName("wordcount") ;

    // 출력 키 포맷을 정의
    conf.setOutputKeyClass(Text.class);

    // 출력 값 포맷을 정의
    conf.setOutputValueClass(IntWritable.class);

    // 맵퍼 클래스 구현을 정의
    conf.setMapperClass(Map.class);

    // 리듀서 클래스 구현을 정의
    conf.setReducerClass(Reduce.class);

    // 입력 포맷 타입을 정의
    conf.setInputFormat(TextInputFormat.class);

    // 출력 포맷 타입을 정의
    conf.setOutputFormat(TextOutputFormat.class);

    // 입력 데이터셋 경로에 대한 명령행 인자 정의
    FileInputFormat.setInputPaths(conf, new Path(args[0]));

    // 출력 데이터셋 경로에 대한 명령행 인자 정의
    FileOutputFormat.setOutputPath(conf, new Path(args[1]));

    // Configuration 객체를 제출한다.
    JobClient.runJob(conf);

    return 0;
}

// 맵리듀스 프로그램 수행을 시작하는 main() 메소드를 정의
public static void main(String[] args) throws Exception {
    int exitCode = ToolRunner.run(new WordCount(), args);
    System.exit(exitCode);
}
}
```

2. 자바 클래스를 컴파일한다.

```
// 컴파일된 클래스를 저장할 폴더를 생성
hduser@ubuntu: ~/Desktop/PacktPub$ mkdir classes
```

```
// 클래스패스와 함께 자바 클래스 파일을 컴파일
hduser@ubuntu: ~/Desktop/PacktPub$ javac -classpath /usr/local/hadoop/
hadoop-core-1.1.0.jar:/usr/local/hadoop/lib/commons-cli-1.2.jar -d
classes *.java
```

3. 컴파일된 클래스로부터 .jar 파일을 생성한다.

```
hduser@ubuntu: ~/Desktop/PacktPub$ cd classes/
```

```
// 개발된 자바 클래스의 jar를 생성한다.
hduser@ubuntu: ~/Desktop/PacktPub/classes$ jar -cvf wordcount.jar com
```

4. 하둡 데몬을 시작한다.

```
// 하둡 홈 디렉토리로 이동
hduser@ubuntu: ~$ cd $HADOOP_HOME
```

```
// 하둡 클러스터 시작
hduser@ubuntu: /usr/local/hadoop$ bin/start-all.sh
```

5. 실행 중인 데몬을 체크한다.

```
// 모든 데몬이 잘 동작하는지 확인
hduser@ubuntu: /usr/local/hadoop$ jps
```

6. HDFS에 /wordcount/input/ 디렉토리를 생성한다.

```
// 입력 데이터셋을 저장할 하둡 디렉토리를 생성
hduser@ubuntu: /usr/local/hadoop$ bin/hadoop fs -mkdir /wordcount/input
```

7. 단어 수 세기 예제에서 사용할 입력 데이터셋을 추출한다. 예제에서 처리할 텍스트 파일이 필요하므로 하둡 배포판에서 제공하는 CHANGES.txt, LICENSE.txt, README.txt 텍스트 파일을 하둡 디렉토리로 복사한다. 이미 존재하는 텍스트 파일을 사용하는 대신 인터넷상의 입력 텍스트 데이터 셋을 활용할 수 있다. 하지만 여기서는 이미 존재하는 입력 파일을 사용한다.

8. 모든 텍스트 파일을 HDFS로 복사한다.

```
// 장비의 로컬 디렉토리에서 하둡 디렉토리로 텍스트 파일을 복사
hduser@ubuntu: /usr/local/hadoop$ bin/hadoop fs -copyFromLocal
$HADOOP_HOME/*. txt /wordcount/input/
```

9. 다음 명령으로 하둡 맵리듀스 잡을 수행한다.

```
// 특정 jar와 메인 클래스, 입력 디렉토리, 출력 디렉토리로 하둡 잡을 수행하는 명령
hduser@ubuntu: /usr/local/hadoop$ bin/hadoop jar wordcount.jar com.
PACKT.chapter1.WordCount /wordcount/input/ /wordcount/output/
```

10. 최종 결과를 살펴본다.

```
// HDFS 디렉토리로부터 결과를 읽는다.
hduser@ubuntu: /usr/local/hadoop$ bin/hadoop fs -cat /wordcount/
output/part-00000
```

 맵리듀스 수행 과정 동안에 장비 노드뿐만 아니라 잡도 모니터할 필요가 있다. 웹 브라우저에서 맵리듀스 잡을 모니터링하려면 아래 내용을 참고한다.

- localhost:50070: 네임 노드 웹 인터페이스(HDFS)
- localhost:50030: 잡 트래커 웹 인터페이스(맵리듀스 레이어)
- localhost:50060: 태스크 트래커 웹 인터페이스(맵리듀스 레이어)

## 하둡 맵리듀스 잡을 모니터링하고 디버깅하는 방법

이번 절에서는 추가적인 명령 없이도 어떻게 하둡 맵리듀스 잡을 디버깅하고 모니터링할 수 있는지를 배울 것이다.

가장 쉬운 방법 중 하나는 하둡 맵리듀스 관리 UI를 사용하는 것이다. 브라우저에서 URL http://localhost:50030(잡 트래커 데몬을 위한 웹 UI)으로 들어가면 접속할 수 있다. 이 페이지에서는 아래 화면과 같이 하둡 맵리듀스 잡의 정보를 보여줄 것이다.

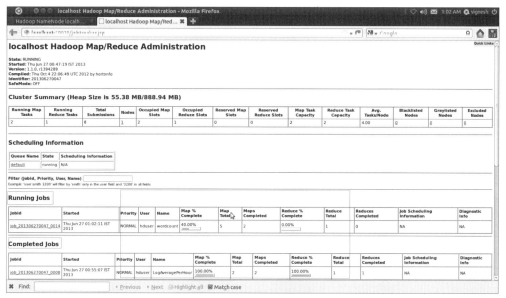

▲ 맵/리듀스 관리 UI

이 UI에서 현재 수행 중인 잡 또는 과거에 완료된 잡에 대한 정보와 상태, 잡에서 맵과 리듀스 태스크의 상태뿐만 아니라 맵과 리듀스 태스크의 오류 때문에 실패한 잡에 대해서도 확인할 수 있다. 추가로, 실패한 잡의 맵 또는 리듀스의 하이퍼링크를 클릭하면 잡이 수행하는 동안 표준 출력으로 출력된 에러 메시지를 보여준다. 이를 이용해 맵리듀스 잡을 디버깅할 수 있을 것이다.

## HDFS 데이터 살펴보기

이번 절에서는 bash 명령을 수행하지 않고도 HDFS 디렉토리를 살펴보는 방법에 대해 알아본다. 네임 노드 데몬의 웹 UI에서 이 기능을 제공하는데, http://localhost:50070에서 확인 가능하다.

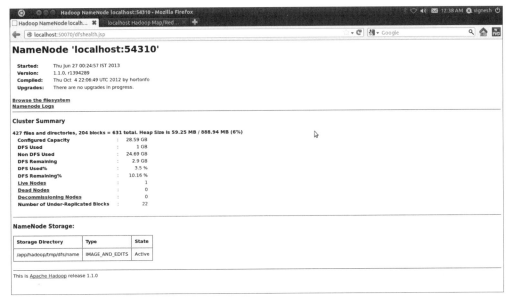

▲ 네임 노드 관리 UI

이 UI에서 클러스터의 요약 정보(메모리 상태)와 네임 노드 로그, 클러스터상에서 동작 중인 또는 동작하지 않는 노드의 정보를 얻을 수 있다. 또한 하둡 맵리듀스 잡의 입, 출력 데이터를 저장하기 위해 생성한 하둡 디렉토리를 살펴볼 수 있다.

## 비즈니스 문제를 해결하는 여러 가지 맵리듀스 정의

지금까지 맵리듀스가 무엇인지 그리고 어떻게 코드를 작성하는지 알아보았다. 이제 비즈니스 분석에 사용되는 일반적인 맵리듀스 문제 정의에 대해 알아볼 것이다. 하둡 맵리듀스를 이미 알고 있는 독자들은 단어 수 세기 예제를 수정해 이러한 문제 정의를 쉽게 코딩하고 해결할 수 있을 것이다. 주요 변경 사항은 데이터 파싱과 데이터 처리 이후의 로직에서 발생하며, 데이터 수집, 데이터 정제, 데이터 저장을 위해 많은 노력이 필요할 것이다.

● **서버 웹 로그 처리**: 이 맵리듀스 정의를 통해 웹 로그 분석을 수행할 수 있다. 웹 서버의 로그는 요청된 페이지의 URL, 날짜, 시간, 프로토콜과 같은 웹 요청에 관한 정보를 제공한다. 이로부터 웹사이트 부하가 가장 심한 시간을 확인할 수

있고, 사이트의 트래픽에 기반해 웹 서버 설정을 확장할 수 있다. 또한 이러한 웹 로그 분석을 통해 해결할 수 있는 많은 비즈니스 사례가 존재한다.

- **웹사이트 통계를 이용한 웹 분석**: 웹사이트 통계는 소스, 캠페인, 방문자 유형, 방문 지역, 검색 키워드, 요청 페이지 URL, 브라우저, 페이지에서 체류한 총 시간 같은 방문자에 관한 메타데이터에 대해 좀 더 세부적인 정보를 제공한다. 구글 애널리틱스는 유명한 무료 웹사이트 서비스 제공자 중 하나다. 이 모든 정보를 분석해 웹사이트에 방문한 사람의 행동을 이해할 수 있다. 사용자의 충성도에 기반한 기술적 분석descriptive analytics을 통해 웹 페이지의 중요성 또는 다른 웹 속성을 확인할 수 있다. 이커머스 웹사이트에서는 총 방문자 수, 페이지 뷰, 체류시간을 기반으로 인기 있는 상품을 확인할 수 있다. 또한 기술적 분석은 비즈니스를 예측하기 위해 웹 데이터로 구현될 수 있다.

- **검색 엔진**: 대규모의 문서 집합을 가지고 있을 때 이 중에서 특정 키워드를 포함한 문서를 찾고 싶다고 가정해보자. 하둡 맵리듀스로 역인덱스를 만들면 키워드를 찾는 데 도움이 될 것이며 이를 통해 빅데이터를 위한 검색 엔진을 구축할 수 있을 것이다.

- **주식 시장 분석**: 오랜 기간 동안 수집한 주식 시장 데이터(빅데이터)의 패턴을 확인하고 다음 기간 동안의 추이를 예측하기를 원한다고 해보자. 이는 모든 이력 데이터셋의 훈련training을 필요로 한다. 여러 가지 하둡 맵리듀스 기계학습 라이브러리를 사용해 주어진 시간 동안의 주식 시장 변화의 빈도를 계산할 수 있다.

또한, 비즈니스 비용을 절감하기 위해 적용할 수 있는 아주 많은 맵리듀스 애플리케이션이 있다.


## R에서 하둡 맵리듀스를 작성하는 다양한 방법 소개

주로 R에서 분석 작업을 하는 통계학자나 웹 분석가, 프로덕트 매니저가 맵리듀스로 빅데이터를 처리하는 것은 힘든 일이다. 분석 작업을 하둡 맵리듀스로 바꾸려면 맵리듀스 프로그래밍에 대한 추가적인 지식이 필요하기 때문이다. 또한, R 사용자는 계속해서 증가하고 있으며 R을 연동하는 많은 패키지와 라이브러리가 개발되어 있다. R의 분석 능력과 하둡의 계산 능력을 이용하는 맵리듀스 알고리즘이나 프로그램을 개발하려면 R과 하둡을 위한 미들웨어가 필요하다. RHadoop과 RHIPE, 하둡 스트리밍은 R에서 하둡 맵리듀스를 개발하고 수행할 수 있게 해주는 미들웨어다. 이번 절에서는 RHadoop과 RHIPE, 하둡 스트리밍에 대해 간략히 알아보고, 다음 장에서는 이러한 패키지를 이용해 맵리듀스를 개발할 것이다.

## RHadoop 소개

RHadoop[2]은 R 함수를 통해 하둡 플랫폼으로 데이터 분석을 수행하기 위한 R의 오픈소스 프레임워크다. RHadoop은 레볼루션 애널리틱스Revolution Analytics에서 개발하였는데, 레볼루션 애널리틱스는 통계적 계산을 위한 오픈소스 R 프로젝트를 기반으로 한 상용 소프트웨어와 서비스 제공자다. RHadoop 프로젝트는 rhdfs, rmr, rhbase 이렇게 세 가지 R 패키지로 구성된다. 이들 패키지는 클라우데라 하둡 배포판 CDH3, CDH4와 R 2.15.0에서 구현 및 테스트되었다. 또한 레볼루션 애널리틱스 배포판 4.3, 5.0, 6.0 버전의 R에서 테스트되었다.

세 가지 R 패키지는 하둡의 두 가지 주요 기능인 HDFS와 맵리듀스를 모델로 해서 설계되었다.

- rhdfs: R에서 하둡의 모든 HDFS 접근을 제공하기 위한 R 패키지다. R 함수로 모든 분산 파일을 관리할 수 있다.

- rmr: R과 하둡 맵리듀스의 인터페이스 기능을 제공하는 R 패키지다. 이 패키지를 활용하면 맵퍼와 리듀서를 쉽게 개발할 수 있다.

- rhbase: R에서 HBase 분산 데이터베이스에 있는 데이터를 처리하는 R 패키지다.

---

2  2016년 현재 RHadoop은 CDH5를 정식으로 지원하고 있다. – 옮긴이

## RHIPE 소개

RHIPER and Hadoop Integrated Programming Environment는 무료이고 오픈소스 프로젝트다. RHIPE는 D&R 분석[3]으로 빅데이터 분석을 수행하는 데 많이 사용된다. D&R 분석은 거대한 데이터를 나누고 이것을 분산 네트워크상에서 병렬로 처리해 중간 결과를 생성하며 최종적으로 이 모든 중간 결과를 하나의 데이터셋으로 재결합하기 위해 사용된다. RHIPE는 하둡 플랫폼상에서 복잡한 빅데이터에 대한 D&R 분석을 R로 수행하기 위해 설계되었다. RHIPE는 퍼듀 통계 학과 박사 논문의 일부로써 삽타시 조이 구하Saptarshi Joy Guha(모질라 재단의 데이터 분석가)와 그녀의 팀원들이 개발했다.

## 하둡 스트리밍 소개

하둡 스트리밍은 하둡 배포판에 포함된 유틸리티이며, 맵퍼나 리듀서로 동작하는 실행파일이나 스크립트를 이용해 맵리듀스 잡을 생성하고 실행하게 해준다. R, 파이썬, 루비, 배시Bash, 펄 등을 지원하는데 이 책에서는 배시 스크립트에 R 언어를 사용할 것이다.

또한, R 스크립트를 이용해 하둡 클러스터상에서 데이터 분석을 수행하기 위해 개발된 HadoopStreaming이라는 R 패키지가 있는데 이 패키지는 하둡 스트리밍과 R 간의 인터페이스 역할을 한다. 추가로 HadoopStreaming 패키지는 하둡 없이도 맵리듀스 태스크를 수행할 수 있게 해준다. 이 패키지는 SenseNetworks의 최고 데이터 과학자인 데이비드 로젠버그David Rosenberg가 개발했다. 그는 기계학습과 통계적 모델링의 전문가다.

---

3 D&R(Divide and Recombine) analysis: 복잡한 빅데이터 문제를 다룰 때, 우선 데이터를 작은 부분으로 분할해 분석 방법론을 적용하고 각 부분의 결과물을 다시 결합해 분석하는 기법 – 옮긴이

## 요약

이번 장에서는 하둡 맵리듀스가 무엇인지, 어떻게 개발할 것인지, 어떻게 실행할 것인지에 대해 살펴 보았다. 다음 장에서는 RHIPE와 RHadoop을 어떻게 설치하고 어떻게 맵리듀스를 개발하는지, 그리고 활용 가능한 함수 라이브러리에는 어떤 것들이 있는지를 예제를 통해 알아볼 것이다.

# 3
# R과 하둡 연동

첫 두 장에서 R과 하둡을 어떻게 설치하는지에 대한 기본적인 정보를 얻었다. 그리고 하둡의 핵심 기능이 무엇인지, 빅데이터 솔루션으로써 비즈니스 문제 해결을 위해 R과 연동해야 하는 이유는 무엇인지에 대해 배웠다. R과 하둡의 연동을 통해 일반적인 데이터 분석에서 빅데이터 분석으로 나아갈 수 있다. 이들 두 미들웨어를 같이 사용하는 방법은 지속적으로 개선되고 있다.

2장에서 하둡에서 맵리듀스 프로그램을 어떻게 작성하는지 배웠다. 이번 장에서는 하둡 클러스터상에서 동작하는 맵리듀스 프로그램을 R로 어떻게 작성하는지 배울 것이다. 또한 이번 장에서는 RHIPE와 RHadoop을 이용해 R과 하둡을 연동하는 방법에 대한 튜토리얼도 제공한다. R과 하둡을 설치한 후 간단한 과정을 통해 R과 하둡을 연동하는 방법을 살펴볼 것이다.

설치를 시작하기 전에 R과 하둡을 연동했을 때의 장점을 조직 측면에서 알아보자. 통계학자나 데이터 분석가는 주로 R을 이용해 데이터 분석이나 데이터 탐색 작업을 수행하기 때문에, 하둡을 연동할 수 있으면 대규모 데이터를 처리하는 데 큰 도움이 될 것이다. 마찬가지로, 데이터웨어하우스를 구축하는 데 하둡을 사용하는 데이터 엔지니어도 R을 연동한다면 유용한 직관을 얻을 수 있는 이론적 분석 작업을 수행할 수 있을 것이다.

그러므로 이러한 데이터 중심의 도구와 기술을 연동해 두 특성을 모두 가진 강력하고 확장성 있는 시스템을 구축할 수 있을 것이다.

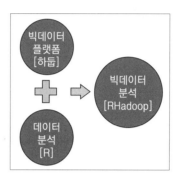

R과 하둡을 연결하는 방법은 아래 3가지가 있다.[1]

* RHIPE

* RHadoop

* 하둡 스트리밍

이번 장에서는 RHIPE와 RHadoop을 이용해 연동하고 분석하는 방법을 배워볼 것이다. 하둡 스트리밍은 4장에서 다룰 것이다.

## RHIPE 소개

RHIPER and Hadoop Integrated Programming Environment는 http://www.datadr.org/에 나온 것처럼 희랍어로 '순간적으로'라는 의미이며 R과 하둡을 결합한다. RHIPE는 처음에 삽타시 조이 구하Saptarshi Joy Guha가 2012년 퍼듀 대학에서 통계학 박사 논

---

1 이 책은 3가지 방법 중에 RHadoop을 중점적으로 소개하고 있다. 하지만 스파크에 익숙한 독자분들이라면 빅데이터 플랫폼과 데이터 분석 도구를 연동한다는 측면에서 SparkR 패키지도 아주 좋은 대안 중 하나가 될 것이다. – 옮긴이

문을 위해 개발했으며, 현재는 퍼듀 대학의 통계학과 연구팀과 구글 그룹에서 개발되고 있다.

RHIPE 패키지는 빅데이터에 대한 데이터 분석을 수행하기 위해 D&R<sub>Divide and Recombine</sub> 기술을 사용한다. 이 기술은 데이터를 작은 부분으로 나누고, 각 부분에 특정 R 분석 작업의 연산을 적용한 후 결과물을 결합한다. RHIPE는 주로 다음 두 가지 목적을 달성하기 위해 설계되었다.

- 작은 데이터뿐만 아니라 큰 데이터에 대해서도 심도 깊은 분석을 가능하게 한다.
- 저수준 언어를 사용해서 R로 분석 작업을 수행하게 해준다. RHIPE는 R 콘솔 명령을 이용해서 맵리듀스뿐만 아니라 HDFS 작업까지 도와주는 다양한 기능을 제공한다.

RHIPE는 HDFS와 맵리듀스 작업에 비교하면 저수준 인터페이스다. RHIPE의 최신 버전 0.73.1에 해당하는 Rhipe_0.73.1-2.tar.gz를 사용하라.


## RHIPE 설치

RHIPE는 R과 하둡을 연결하기 때문에, 테스트를 위해서는 보유 장비나 클러스터에 다음 순서대로 R과 하둡을 설치해야 한다.[2]

1. 하둡 설치
2. R 설치
3. 프로토콜 버퍼<sub>protocol buffer</sub> 설치
4. 환경변수 세팅
5. rJava 설치
6. RHIPE 설치

설치 작업부터 시작해보자.

---

2  최신 버전의 RHIPE를 다양한 환경에서 설치하는 방법은 http://tessera.io/#quickstart를 참고한다. – 옮긴이

## 하둡 설치

RHIPE 패키지 라이브러리로 R과 하둡을 연동하기 위해서는 먼저 장비에 하둡을 설치해야 한다. 설치를 단일 노드로 진행할지, 다수의 노드로 진행할지는 분석할 데이터의 크기에 따라 임의로 결정될 것이다.

이미 우분투에 하둡을 어떻게 설치하는지 다루었기 때문에 여기서 그 과정을 반복하지는 않을 것이다. 아직 하둡을 설치하지 않았다면 1장을 참고한다.

## R 설치

멀티 노드의 하둡 아키텍처를 사용하고 있다면 맵리듀스 잡을 실행할 여러 개의 태스크 트래커 노드 전체에 R을 설치해야 한다. 이 태스크 트래커 노드는 분할된 데이터에 대해 키의 값을 고려해 맵과 리듀스 프로세스를 시작할 것이다.

## 프로토콜 버퍼 설치

프로토콜 버퍼는 주로 정형 데이터에 사용되며, 데이터를 직렬화serialize해서 플랫폼 독립적이고 중립적neutral이며 강건하게roubust 만든다. 구글도 데이터 교환을 위해 같은 프로토콜을 사용한다. RHIPE는 네트워크상에서 데이터 직렬화를 수행하는 데 프로토콜 버퍼 2.4.1을 사용한다.

프로토콜 버퍼는 다음 명령으로 설치할 수 있다.

```
## 프로토콜 버퍼 2.4.1을 다운로드
wget http://protobuf.googlecode.com/files/protobuf-2.4.1.tar.gz
```

```
## 파일 압출 풀기
tar -xzf protobuf-2.4.1.tar.gz
```

```
## 압축 해제한 프로토콜 버퍼 디렉토리로 이동
cd protobuf-2.4.1
```

```
## 프로토콜 버퍼 설치
./configure # --prefix=...
make
make install
```

## 환경변수

RHIPE를 올바르게 컴파일하고 작동시키려면 다음에 소개하는 환경변수들이 적절하게 설정되어 있는지 확인해야 한다.

하둡 라이브러리 설징을 위해 두 변수 PKG_CONFIG_PATH와 LD_LIBRARY_PATH를 설정해야 한다. hduser(하둡 사용자 계정)의 ~/.bashrc 파일에 환경변수를 설정하면 사용자가 시스템에 로그인할 때 자동적으로 적용된다.

PKG_CONFIG_PATH는 시스템에 설치된 라이브러리에 대한 정보를 가져오는 pkg-config 스크립트의 경로를 나타내는 환경변수이고, LD_LIBRARY_PATH는 원시 공유 라이브러리native shared library를 나타내는 환경변수다.

```
export PKG_CONFIG_PATH = /usr/local/lib
export LD_LIBRARY_PATH = /usr/local/lib
```

아래와 같이 명령으로 R 콘솔에서도 이러한 환경변수를 설정할 수 있다.

```
Sys.setenv(HADOOP_HOME = "/usr/local/hadoop/")
Sys.setenv(HADOOP_BIN = "/usr/local/hadoop/bin")
Sys.setenv(HADOOP_CONF_DIR = "/usr/local/hadoop/conf")
```

HADOOP_HOME은 하둡 디렉토리의 위치를 지정하고, HADOOP_BIN은 하둡의 실행 파일 위치를 지정하는 데 사용된다. 그리고 HADOOP_CONF_DIR은 하둡의 설정 파일의 위치를 지정하기 위해 사용된다.

위와 같은 방식으로 환경변수를 설정하는 것은 임시적이며 특정 R 세션까지만 유효하다. R 세션을 시작할 때 자동으로 초기화해 이 환경변수를 영구적으로 설정하려면, 특정 사용자의 .bashrc에 환경변수를 설정하는 것처럼 /etc/R/Renviron 파일에 설정해 주어야 한다.

## rJava 패키지 설치

RHIPE는 자바 패키지이기 때문에 R과 하둡 간의 자바 연결자처럼 동작한다. RHIPE는 입력 데이터를 자바 타입으로 직렬화하며 전체 클러스터상에 직렬화되어야 한다. 이때 rJava가 제공하는 저수준의 자바 인터페이스가 필요하기 때문에

RHIPE의 기능을 활성화하려면 rJava를 설치해야 한다.

```
## R에서 자바 라이브러리를 호출하는 데 사용되는 rJava 패키지를 설치한다.
install.packages("rJava")
```

## RHIPE 설치

자, 이제 RHIPE 패키지를 설치할 시간이다.

```
## RHIPE 저장소에서 RHIPE 패키지를 다운로드한다.
wget http://ml.stat.purdue.edu/rhipebin/Rhipe_0.73.1-2.tar.gz

## R에서 CMD 명령으로 RHIPE 패키지를 설치한다.
R CMD INSTALL Rhipe_0.73.1-2.tar.gz
```

이제 R과 하둡으로 데이터 분석을 수행하기 위한 RHIPE 시스템이 준비되었다.

## RHIPE 아키텍처의 이해

R과 하둡을 연동해 효과적인 빅데이터 분석을 수행하기 위해 개발된 RHIPE 라이브러리 패키지의 동작 방식에 대해 알아보자.

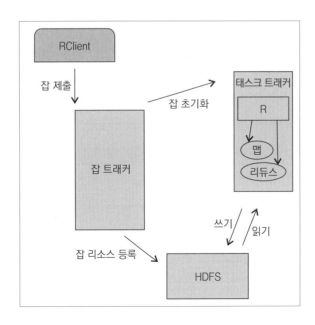

R과 하둡으로 데이터 분석 작업을 수행하는 데 사용되는 여러 가지 하둡 구성 요소가 있다.

- **RClient**: 다양한 맵리듀스 잡 리소스 설정으로 잡을 수행하기 위해 잡 트래커를 호출하는 R 애플리케이션이다. 맵퍼, 리듀서, 입력 포맷, 출력 포맷, 입력 파일, 출력 파일 같은, RClient로 맵리듀스 잡을 제어하는 다양한 매개변수를 설정한다.

- **잡 트래커**: 하둡 맵리듀스 작업을 위한 마스터 노드다. 하둡 클러스터상에서 맵리듀스 잡을 초기화하고 모니터링한다.

- **태스크 트래커**: 하둡 클러스터에서 슬레이브 노드로 동작하며, 잡 트래커가 정한 순서에 따라 입력 데이터 청크를 가져오고 R로 작성된 맵퍼와 리듀서를 실행하는 식으로 맵리듀스 잡을 수행한다. 최종 결과는 HDFS 디렉토리에 생성될 것이다.

- **HDFS**: 다수의 데이터 노드로 구성된 하둡 클러스터상에 분산된 파일시스템이고, 다양한 데이터 작업을 위한 데이터 서비스를 제공한다.

## RHIPE 예제 살펴보기

이번 절에서는 두 개의 RHIPE 맵리듀스 예제를 만들어 볼 것이다. 이 예제는 RHIPE 패키지가 제공하는 기본 맵리듀스 유틸리티를 사용해 작성한다.

### RHIPE 예제 프로그램(단일 맵 프로그램)

**맵리듀스 프로그램 정의**: 이 맵리듀스 예제 프로그램의 목적은 하둡 환경에서 숫자 데이터에 min/max 함수를 적용해 RHIPE가 잘 설치되었는지 테스트하는 것이다. 샘플 프로그램이기 때문에 맵 과정만으로 구성된다. 결과물은 HDFS 디렉토리에 저장된다.

RHIPE로 개발을 시작하려면 먼저 라이브러리를 로드해 RHIPE 하위 시스템을 초기화하고 rhinit() 메소드를 호출해야 한다.

```
## RHIPE 라이브러리 로드
library(Rhipe)

## RHIPE 하위 시스템 초기화. rhinit을 호출해야 RHIPE가 동작한다.
rhinit()
```

**입력:** 입력으로 파일을 사용하지 않고 숫자 값을 넣어준다.

**맵 과정:** 이 맵리듀스 프로그램에서 맵 과정은 10번의 반복적인 호출을 수행하며, 각 반복에서 반복 횟수에 따라 1개에서 10개까지 임의의 숫자가 생성될 것이다. 그리고 나서 생성된 숫자에 대해 최대값과 최소값을 계산한다.

```
## 맵 과정 정의
map(function(k, v){
    ## 확률 변수 생성3
    x <- runif(v)

    ## 키를 k로 하고, 값을 생성된 랜덤 샘플의 최소/최대치로 하는
    ## 키-값 쌍을 내보낸다.
    rhcollect (k, c(Min=min(x), Max=max(x)))
}
```

**출력:** 맵 과정의 출력은 맵리듀스 잡의 결과물로 간주되어 HDFS상의 /app/hadoop/RHIPE/ 경로에 저장된다.

RHIPE 패키지의 rhwatch() 메소드로 맵리듀스 잡을 정의한다.

```
## 맵리듀스 잡을 생성하고 수행한다.
job = rhwatch(map=map, input=10, reduce=0, output="/app/hadoop/RHIPE/
test", jobname='test')
```

HDFS에서 맵리듀스 결과를 읽는다.

```
## HDFS에서 잡 결과를 읽는다.
result <- rhread(job)
```

다음 코드를 이용해 최종 결과를 좀 더 가독성이 좋은 테이블 형태로 표현한다.

---

3  runif()는 균등분포(uniform distribution)을 따르는 랜덤 변수를 생성하는 함수다. – 옮긴이

```
## 결과를 표현한다.
outputdata <- do.call('rbind', lapply(result, "[[", 2))
```

결과:

```
> ## Displaying the result
> outputdata <- do.call('rbind', lapply(result, "[[", 2))
> outputdata
         n       Min        Max
 [1,]   1 0.21168294 0.2116829
 [2,]   2 0.31025842 0.5790579
 [3,]   3 0.00842532 0.8953705
 [4,]   4 0.22550440 0.8315111
 [5,]   5 0.22385646 0.9643431
 [6,]   6 0.06959446 0.9336256
 [7,]   7 0.09994765 0.7005731
 [8,]   8 0.01904263 0.7651515
 [9,]   9 0.07743241 0.9330207
[10,]  10 0.40015677 0.9349429
>
```

## 단어 수 세기

**맵리듀스 문제 정의**: 이 RHIPE 맵리듀스 프로그램은 제공된 입력 텍스트 파일에 존재하는 모든 단어의 빈도수를 확인한다.

이 문제는 2장에서 본 것과 동일한 맵리듀스 문제라는 점을 주목하라.

```
## RHIPE 라이브러리 로딩
library(Rhipe)
```

**입력**: 하둡 배포판에 포함된 CHANGES.txt 파일을 사용해 맵리듀스 알고리즘을 적용한다. 이래 명령으로 입력 파일을 HDFS에 복사한다.

```
rhput("/usr/local/hadoop/CHANGES.txt", "/RHIPE/input/")
```

**맵 과정**: 맵 과정에서는 파일로부터 읽어들인 모든 단어에 값 1을 할당한다.

```
## 맵 함수 정의
w_map<-expression({
    words_vector<-unlist(strsplit(unlist(map.values), " "))
    lapply(words_vector,function(i) rhcollect(i,1))
})
```

**리듀스 과정:** 리듀스 단계에서 입력 텍스트 파일에 등장한 각 단어의 총 빈도수를 계산할 수 있다.

```
## 참조를 위해 RHIPE는 버전 값을 제공한다.
reduce = rhoptions()$templates$scalarsummer

## 리듀스 함수를 정의
w_reduce <- expression(
    pre = { total=0 },
    reduce = { total <- sum(total, unlist(reduce.values)) },
    post = { rhcollect(reduce.key, total) }
)
```

**맵리듀스 잡 객체를 정의:** 단어 수 세기 맵퍼와 리듀서를 정의하고 나서 이 맵퍼와 리듀서를 순차적으로 호출해 맵리듀스 잡을 실행시키는 driver 메소드를 만들어야 한다.

```
## 맵리듀스 잡 객체를 정의하고 실행시킨다.
job1 <- rhwatch(
    map = w_map,
    reduce = w_reduce,
    input = "/RHIPE/input/",
    output = "/RHIPE/output/",
    jobname = "word_count")
```

**맵리듀스 출력을 읽기:**

```
## HDFS로부터 잡의 출력 데이터를 읽는다.
output_data <- rhread(job1)
results <- data.frame(words = unlist(lapply(output_data, "[[", 1)),
    count = unlist(lapply(output_data, "[[", 2)))
```

output_data에 저장된 맵리듀스 잡의 결과물은 R이 지원하는 데이터 프레임 형식으로 변환해야 한다. 데이터 프레임 결과는 results 변수에 저장될 것이다. 다음과 같이 맵리듀스 결과를 표시할 수 있다.

head의 출력 결과:

```
> head(results)
  words count
1        30780
2    \t     3
3     #     1
4     %     4
5     &    26
6     *     4
```

tail의 출력 결과:

```
> tail(results)
                                                           words count
12783            org.apache.hadoop.security.AccessControlIOException     1
12784            org.apache.hadoop.security.JniBasedUnixGroupsMapping    1
12785        com.sun.jersey.api.ParamException$QueryParamException       1
12786        http://svn.apache.org/viewvc?view=rev&revision=588771.      1
12787            org.apache.hadoop.fs.permission.AccessControlException  2
12788 org.apache.hadoop.record.compiler.generated.SimpleCharStream.      1
```

## RHIPE 함수의 레퍼런스

RHIPE는 하둡에 대한 저수준 인터페이스를 제공하기 위해 디자인되었기 때문에, RHIPE 패키지를 사용하는 R 사용자는 HDFS에 저장된 대량의 데이터에 대한 하둡 데이터 작업을 마치 R에서 print() 함수를 호출하는 것처럼 손쉽게 수행할 수 있다.

지금부터 RHIPE 라이브러리에서 사용할 수 있는 모든 메소드의 함수 사용법을 살펴볼 것이다. 이 메소드는 초기화, HDFS, 맵리듀스 작업 이렇게 세 가지 범주로 나뉜다.

### 초기화

다음 명령을 사용해 초기화를 수행한다.

- rhinit: 이 함수는 Rhipe 시스템을 초기화하는 데 사용된다.

  ```
  rhinit(TRUE, TRUE)
  ```

## HDFS

다음 명령을 사용해 HDFS 작업을 수행한다.

- rhls: HDFS로부터 모든 디렉토리 목록을 얻어온다. 사용할 때의 문법은 rhls(경로)다.

  rhls("/")

**출력:**

```
> rhls("/")
  permission   owner       group size         modtime            file
1 drwxr-xr-x    root supergroup    0 2013-10-15 01:09          /RHIPE
2 drwxr-xr-x hduser supergroup    0 2013-10-15 00:49            /app
3 drwxr-xr-x hduser supergroup    0 2013-06-25 14:44            /foo
4 drwxr-xr-x    root supergroup    0 2013-07-23 01:36           /hdfs
5 drwxr-xr-x hduser supergroup    0 2013-07-28 02:34            /hds
6 drwxr-xr-x hduser supergroup    0 2013-06-27 00:55           /logs
7 drwxr-xr-x    root supergroup    0 2013-07-25 02:10       /output_02
8 drwxr-xr-x hduser supergroup    0 2013-06-25 14:45             /pc
9 drwxr-xr-x hduser supergroup    0 2013-08-18 14:09 /rhadoop_examples
10 drwxrwxr-x    root supergroup    0 2013-09-02 00:39            /tmp
11 drwxr-xr-x hduser supergroup    0 2013-08-18 14:08           /user
12 drwxr-xr-x hduser supergroup    0 2013-07-25 00:59            /usr
13 drwxr-xr-x hduser supergroup    0 2013-07-25 02:17       /wordcount
>
```

- hdfs.getwd: 현재 HDFS 작업 디렉토리 정보를 얻어온다. 사용법은 hdfs.getwd()다.

- hdfs.setwd: 현재 HDFS 작업 디렉토리를 설정한다. 사용법은 hdfs.setwd("/RHIPE")다.

- rhput: 로컬 디렉토리에서 HDFS로 파일을 복사하는 데 사용된다. 문법은 rhput(src, dest)이고 rhput("/usr/local/hadoop/NOTICE.txt", "/RHIPE")와 같이 사용한다.

- rhcp: 한 HDFS에서 또다른 HDFS 위치로 파일을 복사하는 데 사용된다. 사용법은 rhcp('/RHIPE/1/change.txt', '/RHPIE/2/change.txt')다.

- rhdel: HDFS에서 파일이나 디렉토리를 삭제하는 데 사용된다. 사용법은 rhdel("/RHIPE/1")이다.

- rhget: HDFS의 파일을 로컬 디렉토리로 복사하는 데 사용된다. 사용법은 `rhget("/RHIPE/1/part-r-00000", "/usr/local/")`이다.

- rhwrite: R 데이터를 HDFS에 쓰는 데 사용된다. 문법은 `rhwrite(list(1,2,3), "/tmp/x")`다.

## 맵리듀스

맵리듀스 작업과 관련된 아래와 같은 명령들을 제공한다.

- rhwatch: 맵리듀스 잡을 준비하고, 제출하고, 모니터링하는 데 사용된다.

  ```
  # 문법
  rhwatch(map, reduce, combiner, input, output, mapred, partitioner,
  jobname)

  ## 맵리듀스 잡을 준비하고 제출한다.
  z = rhwatch(map=map, reduce=0, input=5000, output="/tmp/sort",
  mapred=mapred, read=FALSE)
  results <- rhread(z)
  ```

- rhex: 하둡 클러스터상에서 맵리듀스 잡을 실행하는 데 사용된다.

  ```
  ## 잡 제출
  rhex(job)
  ```

- rhjoin: 맵리듀스 잡이 완료되었는지 아닌지를 확인하는 데 사용된다. 사용법은 `rhjoin(job)`이다.

- rhkill: 동작 중인 맵리듀스 잡을 종료시키는 데 사용된다. 사용법은 `rhkill(job)`이다.

- rhoptions: RHIPE 설정 옵션을 얻어오거나 설정하는 데 사용된다. 문법은 `rhoptions()`다.

- rhstatus: RHIPE 맵리듀스 잡의 상태를 얻어올 때 사용한다. 문법은 `rhstatus(job)`이다.

  ```
  rhstatus(job, mon.sec = 5, autokill = TRUE, showErrors = TRUE, verbose
  = FALSE, handler = NULL)
  ```

# RHadoop 소개

RHadoop은 R 환경에서 대량의 데이터 작업을 제공하는 3개의 R 패키지[4]로 구성된다. R 기반의 상용 소프트웨어 제공자인 레볼루션 애널리틱스에서 개발했다. RHadoop에서 사용 가능한 3개의 주요 R 패키지는 rhdfs, rmr, rhbase이며 각각 하둡의 다른 기능을 제공한다.

- rhdfs는 R 콘솔에서 HDFS를 사용할 수 있게 해주는 R 인터페이스다. 하둡 맵리듀스 프로그램 결과물을 HDFS에 쓰는 것처럼 rhdfs 메소드를 사용하면 HDFS에 손쉽게 접근할 수 있다. R 프로그래머는 분산 데이터 파일을 쉽게 읽고 쓸 수 있다. 기본적으로 rhdfs 패키지는 HDFS에 저장된 데이터를 조작하기 위해 내부적으로 HDFS API를 호출한다.

- rmr은 R 환경에서 하둡 맵리듀스의 기능을 제공하는 R 인터페이스다. 그래서 R 프로그래머는 자신의 애플리케이션 로직을 맵과 리듀스 과정으로 분해하고 rmr 메소드로 제출하기만하면 된다. 그러면 rmr은 입력 디렉토리, 출력 디렉토리, 맵퍼, 리듀서 등 여러 잡 매개변수로 하둡 스트리밍 맵리듀스 API를 호출하고, 결과적으로 하둡 클러스터상에서 R 맵리듀스 잡을 수행할 수 있다.

- rhbase는 쓰리프트Thrift 서버를 통해 분산 네트워크 상에 저장된 하둡 HBase 데이터 소스를 조작하는 R 인터페이스다. rhbase 패키지는 초기화, 읽기/쓰기, 테이블 조작 작업을 위한 여러 가지 메소드에 대해 디자인되었다.

세 가지 RHadoop 패키지를 모두 다 설치해야만 R과 하둡으로 하둡 맵리듀스 작업을 실행할 수 있는 것은 아니다. 입력 데이터 소스가 HBase 데이터 소스에 저장되어 있으면 rhbase를 설치하고, 그렇지 않은 경우에는 rhdfs와 rmr 패키지가 필요하다. 하둡은 두 가지 주요 기능인 하둡 맵리듀스와 HDFS로 유명하며, RHadoop의 rhdfs와 rmr 패키지를 이용해 R 콘솔에서 이 두 기능을 사용할 수 있다. R에서 하둡 맵리듀스를 수행하는 데 이 패키지들이면 충분하다. 기본적으로

---

4 2016년 현재 RHadoop은 5개의 패키지(rhdfs, rmr2, rhbase, plyrmr, ravro)로 구성되어 있다. - 옮긴이

rhdfs는 HDFS 데이터 작업을 제공하고 rmr은 맵리듀스 실행 작업을 제공한다.

RHadoop은 또한 quick check라는, rmr 패키지로 개발한 맵리듀스 잡을 디버깅하기 위해 디자인된 패키지를 포함한다.

다음 절에서는 이 패키지들의 설치 과정뿐만 아니라 아키텍처적인 연관성에 대해서도 살펴볼 것이다.

## RHadoop 아키텍처의 이해

HDFS와 맵리듀스 덕분에 하둡은 매우 유명해졌다. 그래서 레볼루션 애널리틱스는 rhdfs와 rmr, rhbase를 개별 패키지로 개발했다. RHadoop의 아키텍처는 다음 그림과 같다.

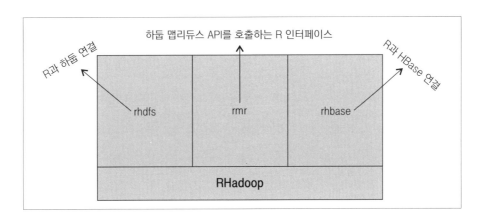

## RHadoop 설치[5]

이번 절에서는 필수 패키지prerequisite를 포함해서 세 가지 RHadoop 패키지를 설치하는 요령을 배워본다.

- **R과 하둡 설치**: R과 하둡이 통합된 환경에서 작업을 해야 하므로 장비에는 R과 하둡을 모두 설치해야 한다. 아직 설치가 안 되었다면 1장을 참고한다. 이미 알

---

5 최신 버전의 RHadoop 설치 문서는 https://github.com/RevolutionAnalytics/RHadoop/wiki/Installing-RHadoop-on-RHEL에서 찾을 수 있다. - 옮긴이

고 있듯이 아주 많은 데이터를 보유하고 있다면 노드의 수를 늘려서 클러스터를 확장해야 한다. 그러므로 RHadoop을 시스템에 설치하려면 보유한 데이터의 크기에 따라 단일 노드 또는 멀티 노드상에 설치된 하둡이 필요하다.

RHadoop은 클라우데라, 호튼웍스, MapR에서 제공하는 다양한 하둡 배포판에 대해 이미 테스트가 완료되었다.

- **R 패키지 설치**: R과 하둡을 연동하는 데 도움을 주는 여러 가지 R 패키지들을 설치해야 한다. 필요한 패키지 목록은 다음과 같다.[6]

  - rJava

  - RJSONIO

  - itertools

  - digest

  - Rcpp

  - httr

  - functional

  - devtools

  - plyr

  - reshape2

  R 콘솔에서 아래 R 명령을 실행하면 필요한 패키지들을 설치할 수 있다.

  ```
  install.packages( c('rJava', 'RJSONIO', 'itertools', 'digest', 'Rcpp',
  'httr', functional', 'devtools', 'plyr', 'reshape2') )
  ```

- **환경변수 설정**: R 콘솔에서 아래 코드를 사용해 환경변수를 설정할 수 있다.[7]

---

6  만약 설치 과정에서 의존성 패키지 문제 때문에 에러가 발생하면 stringr, caTools 등 추가로 요구하는 패키지를 설치해 문제를 간단히 해결할 수 있다. – 옮긴이

7  책에서 소개하는 하둡 설치 방법을 동일하게 따르지 않았다면 여기서 소개하는 환경변수는 실제 내용과 다를 수 있다. 이 경우 각자의 설정을 참고하여 적당히 수정하도록 하자. 하둡 배포판에 따른 경로 정보는 https://github.com/RevolutionAnalytics/RHadoop/wiki/user%3Ermr%3Ermr2-settings를 참고한다. – 옮긴이

```
## HADOOP_CMD 설정
Sys.setenv(HADOOP_CMD="/usr/local/hadoop/bin/hadoop")

## HADOOP_STREAMING 설정
Sys.setenv(HADOOP_STREAMING="/usr/local/hadoop/contrib/streaming/
hadoop-streaming-1.0.3.jar")
```

또는 명령행을 통해 다음과 같이 설정을 할 수 있다.

```
export HADOOP_CMD=/usr/local/hadoop
export HADOOP_STREAMING=/usr/lib/hadoop-0.20-mapreduce/contrib/
streaming/hadoop-streaming-2.0.0-mr1-cdh4.1.1.jar
```

- RHadoop 설치 [rhdfs, rmr, rhbase]

  1. 레볼루션 애널리틱스의 깃허브 저장소에서 RHadoop 패키지를 다운로드
     한다.[8]

     ○ rmr: [rmr-2.2.2.tar.gz]

     ○ rhdfs: [rhdfs-1.6.0.tar.gz]

     ○ rhbase: [rhbase-1.2.0.tar.gz]

  2. 패키지 설치[9]

     ○ 아래 명령으로 rmr을 설치한다.

       ```
       R CMD INSTALL rmr-2.2.2.tar.gz
       ```

     ○ 아래 명령으로 rhdfs를 설치한다.

       ```
       R CMD INSTALL rhdfs-1.6.0.tar.gz
       ```

     ○ 아래 명령으로 rhbase를 설치한다.

       ```
       R CMD INSTALL rhbase-1.2.0.tar.gz
       ```

 rhbase를 설치하려면 하둡 클러스터에 HBase와 Zookeeper가 설치되어 있어야 한다.

---

8  2016년 현재 최신 버전은 rhdfs-1.0.8, rmr-3.3.1, rhbase-1.2.1이다. – 옮긴이
9  패키지 설치 명령을 내리기 전에 우선 하둡이 정상적으로 구동 중인지 확인해야 한다. – 옮긴이

## RHadoop 예제 살펴보기

RHadoop 설치를 완료한 후에 RHadoop 예제 프로그램으로 아래와 같이 rmr2
와 rhdfs 라이브러리로 맵리듀스 잡을 실행시켜 설정을 테스트해볼 수 있다.

```
## 라이브러리 로딩
library('rhdfs')
library('rmr2')

## RHadoop 초기화
hdfs.init()

## 입력 데이터 정의
small.ints = to.dfs(1:10)

## 맵리듀스 잡 정의
mapreduce(
    ## 입력 매개변수를 small.ints라는 hdfs 객체로 정의하고,
    ## 맵 매개변수를 생성된 랜덤 변수의 최대/최소값을 계산하는 함수로 정의한다.
    input = small.ints,
    map = fucntion(k, v) {
        lapply(seq_along(v), function(r) {
            x <- runif(v[[r]])
            keyval(r, c(max(x), min(x)))
        }) })
```

위와 같이 작성한 후에 Ctrl+Enter를 눌러서 이 맵리듀스 프로그램을 수행한다. 잡
이 성공한다면 아래 스크린샷과 같은 내용이 마지막 줄에 나타날 것이다.

```
packageJobJar: [/tmp/Rtmpq7v2u6/rmr-local-envd151d396330, /tmp/Rtmpq7v2u6/rmr-global-envd1512062cac,
/tmp/Rtmpq7v2u6/rmr-streaming-mapd157d0a0a23, /app/hadoop/tmp/hadoop-unjar2169767922088522341/] []
/tmp/streamjob7151352311338349586.jar tmpDir=null
13/10/15 01:33:50 INFO mapred.FileInputFormat: Total input paths to process : 1
13/10/15 01:33:51 INFO streaming.StreamJob: getLocalDirs(): [/app/hadoop/tmp/mapred/local]
13/10/15 01:33:51 INFO streaming.StreamJob: Running job: job_201310150037_0010
13/10/15 01:33:51 INFO streaming.StreamJob: To kill this job, run:
13/10/15 01:33:51 INFO streaming.StreamJob: /usr/local/hadoop/libexec/../bin/hadoop job  -
Dmapred.job.tracker=localhost:54311 -kill job_201310150037_0010
13/10/15 01:33:51 INFO streaming.StreamJob: Tracking URL: http://localhost:50030/jobdetails.jsp?
jobid=job_201310150037_0010
13/10/15 01:33:52 INFO streaming.StreamJob:  map 0%  reduce 0%
13/10/15 01:34:04 INFO streaming.StreamJob:  map 100%  reduce 0%
13/10/15 01:34:07 INFO streaming.StreamJob:  map 100%  reduce 100%
13/10/15 01:34:07 INFO streaming.StreamJob: Job complete: job_201310150037_0010
13/10/15 01:34:07 INFO streaming.StreamJob: Output: /tmp/Rtmpq7v2u6/filed1515859585
```

마지막 줄에서 맵리듀스 잡의 출력 위치를 알 수 있다.

수행된 맵리듀스 잡의 수행 결과를 읽으려면 출력 위치를 복사해서 rhdfs의 from.dfs() 함수에 전달하면 된다.[10]

```
> output <- from.dfs('/tmp/Rtmpq7v2u6/filed1515859585')
> table_output<- do.call('rbind', lapply(output$val,"[[",2))
> table_output
            [,1]       [,2]
 [1,] 0.8125193 0.81251934
 [2,] 0.9042196 0.45699808
 [3,] 0.8646576 0.67394221
 [4,] 0.7134127 0.43075206
 [5,] 0.6928776 0.09431795
 [6,] 0.9695492 0.08021174
 [7,] 0.8968259 0.05925483
 [8,] 0.9400959 0.14835090
 [9,] 0.8650371 0.12023777
[10,] 0.7808141 0.02754461
```

위 결과에서 첫 번째 열은 최대값을 나타내며 두 번째 열은 최소값을 나타낸다.

## 단어 수 세기[11]

**맵리듀스 문제 정의:** 이 RHadoop 맵리듀스 프로그램은 제공된 입력 텍스트 파일에 등장하는 모든 단어의 빈도수를 확인하도록 정의된다.

또한 이 맵리듀스 문제는 2장에서 RHIPE에 관해 배웠던 것과 동일한 맵리듀스 문제라는 점을 알아두자.

```
wordcount = function(input,
    output = NULL,
    pattern = " " ) {
```

**맵 과정:** 이 map 함수는 텍스트 파일을 라인 단위로 읽고 빈칸으로 분할해 만들어낸 모든 단어에 대해 값으로 1을 할당할 것이다.

---

10  output 매개변수를 명시적으로 전달하지 않으면 앞에서 본 바와 같이 RHadop이 아웃풋 경로를 랜덤하게 생성한다. 아웃풋 경로를 따로 저장하지 않고 맵리듀스 잡의 결과로 받아 직접 from.dfs()에 전달하는 방법도 있다. – 옮긴이

```
mr_result <- mapreduce( ... )
output <- from.dfs(mr_result)
```

11  RHadoop 튜토리얼(https://github.com/RevolutionAnalytics/rmr2/blob/master/docs/tutorial.md)에 추가적인 샘플 코드와 그에 대한 자세한 설명이 나와 있다. – 옮긴이

```
wc.map = function(., lines) {
  keyval(
    unlist(
      strsplit(
        x = lines,
        split = pattern)),
        1)}
```

**리듀스 과정**: 리듀스 과정에서는 같은 키를 가진 단어들의 값을 합산해 모든 단어 대한 총 빈도수를 계산할 것이다.

```
wc.reduce = function(word, counts) {
  keyval(word, sum(counts))}
```

**맵리듀스 잡 정의**: 단어 수를 세기 위한 맵퍼와 리듀서를 정의하고 나서, 맵리듀스 실행을 시작하기 위한 드라이버 메소드를 만들어야 한다.

```
# 입력, 출력, 맵, 리듀스, 입력 포맷을 매개변수로 지정해
# 위에서 작성한 맵퍼와 리듀서 함수를 수행

# 용례:
# mapreduce(input, output, input.format, map, reduce, combine)

mapreduce(input = input,
  output = output,
  input.format = "text",
  map = wc.map,
  reduce = wc.reduce,
  combine = T)}
```

**맵리듀스 잡 실행**: wordcount 함수에 입력 데이터의 위치를 매개변수로 전달해 RHadoop 맵리듀스 잡을 실행할 것이다.

```
wordcount('/RHadoop/1/')
```

wordcount 출력 살펴보기:

```
from.dfs("tmp/RtmpRMXzb/file2bda5e10e25f")
```

## RHadoop 함수의 레퍼런스

RHadoop은 HDFS, 맵리듀스, HBase에 대응하는 세 가지 패키지를 이용해서 데이터에 대한 작업을 수행한다.

여기서는 rmr과 rhdfs 패키지 함수를 어떻게 사용하는지 살펴볼 것이다.

### rhdfs 패키지

rhdfs 패키지의 함수는 다음과 같이 분류된다.

- 초기화

  - `hdfs.init`: rhdfs 패키지를 초기화하는 데 사용된다. 사용법은 `hdfs.init()`다.

  - `hdfs.defaults`: rhdfs를 기본값으로 설정하거나 조회retrieve하는 데 사용된다. 사용법은 `hdfs.defaults()`다.

    hdfs 설정 기본값을 조회하는 다음 스크린샷을 참고하라.

```
> hdfs.defaults("conf")
[1] "Java-Object{Configuration: core-default.xml, core-site.xml, mapred-default.xml,
mapred-site.xml, hdfs-default.xml, hdfs-site.xml}"
```

- 파일 조작manipulation

  - `hdfs.put`: 로컬 파일시스템에서 HDFS 파일시스템으로 파일을 복사하는 데 사용된다.

    **hdfs.put('/usr/local/hadoop/README.txt', '/RHadoop/1/')**

  - `hdfs.copy`: HDFS 디렉토리에서 로컬 파일시스템으로 파일을 복사하는 데 사용된다.

    **hdfs.put('/RHadoop/1/', '/RHadoop/2/')**

  - `hdfs.move`: HDFS 디렉토리의 파일을 다른 HDFS 디렉토리로 이동하는 데 사용된다.

```
hdfs.move('/RHadoop/1/README.txt', '/RHadoop/2/')
```

○ hdfs.rename: R에서 HDFS에 저장된 파일의 이름을 변경하는 데 사용된다.

```
hdfs.rename('/RHadoop/README.txt', '/RHadoop/README1.txt')
```

○ hdfs.delete: R에서 HDFS 파일이나 디렉토리를 지우는 데 사용된다.

```
hdfs.delete("/RHadoop")
```

○ hdfs.rm: R에서 HDFS 파일이나 디렉토리를 지우는 데 사용된다.

```
hdfs.rm("/RHadoop")
```

○ hdfs.chmod: 파일에 대한 권한을 변경하는 데 사용된다.

```
hdfs.chmod('/RHadoop', permissions='777')
```

● 파일 읽기/쓰기

○ hdfs.file: 읽기/쓰기 작업에 사용되는 파일을 초기화하는 데 사용된다.

```
f = hdfs.file("/RHadoop/2/README.txt", "r", buffersize=104857600)
```

○ hdfs.write: 스트리밍을 통해 HDFS에 저장된 파일을 쓰는 데 사용된다.

```
f = hdfs.file("/RHadoop/2/README.txt")
hdfs.write(object, con, hsync=FALSE)
```

○ hdfs.close: 파일 작업을 완료한 후 스트림을 닫기 위해 사용된다. 스트림을 닫고 나면 더 이상의 파일 작업은 허용되지 않는다.

```
hdfs.close(f)
```

○ hdfs.read: HDFS 디렉토리의 바이너리 파일을 읽는 데 사용된다. 데이터의 역직렬화deserialization를 위해 스트림을 사용할 것이다.

```
f = hdfs.file("/RHadoop/2/README.txt", "r", buffersize=104857600)
m = hdfs.read(f)
c = rawToChar(m)
print(c)
```

- 디렉토리 작업
  - `hdfs.dircreate` 또는 `hdfs.mkdir`: 이 두 함수 모두 HDFS 파일시스템상에서 디렉토리를 만드는 데 사용된다.

    **hdfs.mkdir("/RHadoop/2/")**

  - `hdfs.rm` 또는 `hdfs.rmr` 또는 `hdfs.delete`: HDFS로부터 디렉토리나 파일을 지우는 데 사용된다.

    **hdfs.rm("/RHadoop/2/")**

- 유틸리티
  - `hdfs.ls`: HDFS에서 디렉토리 목록을 나열하는 데 사용된다.

    **hdfs.ls('/')**

```
> hdfs.ls('/')
   permission   owner      group size          modtime              file
1  drwxr-xr-x    root supergroup    0 2013-10-15 21:37               /RH
2  drwxr-xr-x    root supergroup    0 2013-10-15 01:09            /RHIPE
3  drwxrwxrwx    root supergroup    0 2013-10-15 21:38          /RHadoop
4  drwxr-xr-x hduser supergroup    0 2013-10-15 00:55              /app
5  drwxr-xr-x hduser supergroup    0 2013-06-25 14:44              /foo
6  drwxr-xr-x    root supergroup    0 2013-07-23 01:36             /hdfs
7  drwxr-xr-x hduser supergroup    0 2013-07-28 02:34              /hds
8  drwxr-xr-x hduser supergroup    0 2013-06-27 00:55             /logs
9  drwxr-xr-x    root supergroup    0 2013-07-25 02:10         /output_02
10 drwxr-xr-x hduser supergroup    0 2013-06-25 14:45               /pc
11 drwxr-xr-x hduser supergroup    0 2013-08-18 14:09 /rhadoop_examples
12 drwxrwxr-x    root supergroup    0 2013-10-15 01:33              /tmp
13 drwxr-xr-x hduser supergroup    0 2013-08-18 14:08             /user
14 drwxr-xr-x hduser supergroup    0 2013-07-25 00:59              /usr
15 drwxr-xr-x hduser supergroup    0 2013-07-25 02:17        /wordcount
```

  - `hdfs.file.info`: HDFS에 저장된 파일에 관한 메타 정보를 얻는 데 사용된다.

    **hdfs.file.info("/RHadoop")**

```
> hdfs.file.info(file.path('/RHadoop'))
     perms isDir block replication owner      group size         modtime     path
1 rwxrwxrwx  TRUE     0           0  root supergroup    0 45759-03-11 06:31:51 /RHadoop
```

## rmr 패키지

rmr 패키지의 함수는 다음과 같이 분류된다.

- 데이터를 저장하고 읽어오기 위한 함수
  - ○ `to.dfs`: 파일시스템에 R 오브젝트를 쓰기 위해 사용된다.

    ```
    small.ints = to.dfs(1:10)
    ```

  - ○ `from.dfs`: 바이너리로 암호화된 포맷인 HDFS 파일시스템으로부터 R 객체를 읽는데 사용된다.

    ```
    from.dfs('/tmp/RtmpRMIXzb/file2bda3fa07850')
    ```

- 맵리듀스를 위한 함수
  - ○ `mapreduce`: 맵리듀스 잡을 정의하고 실행하는 데 사용된다.

    ```
    mapredcue(input, output, map, reduce, combine, input.format,
    output.format, verbose)
    ```

  - ○ `keyval`: 키-값 쌍을 생성하고 추출하는 데 사용된다.

    ```
    keyval(key, val)
    ```

## 요약

RHadoop이 좀 더 완성도가 높기 때문에 이후의 장에서는 데이터 분석을 수행하는 데에 RHadoop을 사용할 것이다. 5장과 6장에서 실제 문제를 RHadoop으로 어떻게 해결할 수 있는지 살펴보고, 몇 가지 빅데이터 분석 기술들을 좀 더 자세히 다룰 것이다. 지금까지 RHIPE와 RHadoop을 사용해 R과 하둡으로 맵리듀스 프로그램을 어떻게 작성하는지 알아보았다. 다음 장에서는 하둡 스트리밍 유틸리티와 하둡 스트리밍 R 패키지로 하둡 맵리듀스 프로그램을 어떻게 작성하는지 배울 것이다.

# 4

# R로 하둡 스트리밍 사용

이전 장에서는 RHIPE와 RHadoop을 이용해 R과 하둡을 연동하는 방법과 관련 예제를 배워 보았다. 이번 장에서는 다음과 같은 주제를 다루고자 한다.

- 하둡 스트리밍의 기본 이해하기
- R로 하둡 스트리밍을 수행하는 방법 이해하기
- HadoopStreaming R 패키지 살펴보기

## 하둡 스트리밍의 기본 이해

하둡 스트리밍은 맵퍼와 리듀서로써 동작하는 실행 스크립트를 이용해 하둡 맵리듀스 잡을 수행하는 하둡 유틸리티다. 이는 리눅스의 파이프pipe와 유사하다. 하둡 스트리밍에서는 텍스트 입력 파일이 스트림stdin으로 출력되어 맵퍼의 입력으로 제공되고 맵퍼의 출력stdout이 리듀서의 입력으로 제공된다. 마지막으로 리듀서는 출력 결과를 HDFS 디렉토리에 쓴다.

하둡 스트리밍 유틸리티의 가장 큰 장점은 자바뿐만 아니라 자바가 아닌 다른 언어로 작성된 맵리듀스 잡을 하둡 클러스터상에서 실행시킬 수 있다는 점이다. 다른 프로그래밍 언어로 작성된 애플리케이션을 실행시키기 위해 개발자는 단지 애플리케이션 로직을 키와 값을 출력으로 하는 맵퍼와 리듀서로 변환하기만 하면 된다. 하둡 스트리밍은 펄, 파이썬, PHP, R, C++ 프로그래밍 언어를 지원한다. 2장에서 하둡 맵리듀스 잡을 생성하려면 맵퍼, 리듀서, 드라이버 이렇게 세 가지 주요 컴포넌트가 필요하다는 것을 배웠다. R과 하둡으로 맵리듀스를 구현할 때에는 맵리듀스 잡을 실행하기 위한 드라이버 파일을 선택적으로 생성할 수 있다.

이번 장은 R과 하둡을 연동하기 위한 목적으로 작성되었으며 하둡 스트리밍으로 R을 수행하는 예제를 살펴볼 것이다. 이제 R 스크립트로 작성된 맵퍼와 리듀서를 이용해 어떻게 하둡 스트리밍을 사용할 수 있는지 알아보자. 다음 그림에서 하둡 스트리밍 맵리듀스 잡의 다양한 컴포넌트를 확인할 수 있다.

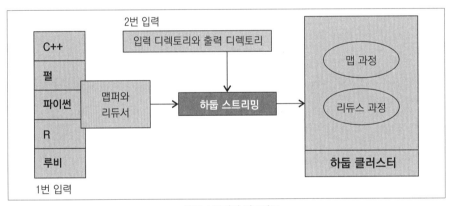

▲ 하둡 스트리밍 컴포넌트

이제 맵퍼와 리듀서를 code_mapper.R과 code_reducer.R로 구현했다고 가정해보자. R과 하둡이 연동된 환경에서 해당 구현을 어떻게 수행할 수 있는지 알아볼 것이다. 다양한 일반generic 옵션과 스트리밍 옵션을 가지고 하둡 스트리밍 명령을 실행할 수 있다.

하둡 스트리밍 명령의 형태를 살펴보자.

```
bin/hadoop command [generic Options] [streaming Options]
```

다음 그림은 다양한 스트리밍 옵션을 가지고 하둡 스트리밍 맵리듀스 잡을 실행하는 예제를 보여준다.

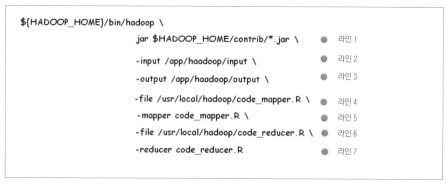

▲ 하둡 스트리밍 명령 옵션

위 그림에는 하둡 스트리밍 맵리듀스 잡을 위해 필요한 약 6가지 특별한 컴포넌트가 있다. jar를 제외하고는 모두 스트리밍 옵션이다.

하둡 스트리밍 명령을 라인별로 살펴보자.

- **라인 1:** 하둡 jar 파일을 기술하는 데 사용된다(하둡 jar를 위한 클래스패스를 설정한다).
- **라인 2:** HDFS의 입력 디렉토리를 기술하는 데 사용된다.
- **라인 3:** HDFS의 출력 디렉토리를 기술하는 데 사용된다.
- **라인 4:** 파일을 로컬 장비에서 사용할 수 있도록 만드는 데 사용된다.
- **라인 5:** 맵퍼를 위한 R 파일을 정의하는 데 사용된다.
- **라인 6:** 파일을 로컬 장비에서 사용할 수 있도록 만드는 데 사용된다.
- **라인 7:** 리듀서를 위한 R 파일을 정의하는 데 사용된다.

앞의 명령에서 사용한 주요 하둡 스트리밍 컴포넌트 6개를 나열하고 설명해본다.

- jar: 이 옵션은 자바 또는 자바 이외의 언어로 작성된 맵퍼와 리듀서가 있을 때, 스트리밍 기능을 제공하기 위해 디자인된 클래스를 가진 jar를 실행하기 위해 사용된다. 이것을 하둡 스트리밍 jar라고 부른다.

- input: 이 옵션은 하둡 스트리밍 맵리듀스 잡에게 HDFS상의 입력 데이터 위치를 알려주기 위해 사용된다.

- output: 이 옵션은 하둡 스트리밍 맵리듀스 잡에게 HDFS 출력 디렉토리(맵리듀스 잡의 결과가 쓰여지는 디렉토리)를 알려주기 위해 사용된다.

- file: 이 옵션은 맵퍼, 리듀서, 컴바이너 같은 맵리듀스 리소스를 컴퓨터 노드(태스크 트래커)에 복사해 로컬에 저장하는 데 사용된다.

- mapper: 이 옵션은 실행 가능한 맵퍼 파일을 확인하는 데 사용된다.

- reducer: 이 옵션은 실행 가능한 리듀서 파일을 확인하는 데 사용된다.

선택적이기는 하지만 기타 다른 하둡 스트리밍 명령 옵션들도 사용할 수 있다.

- inputformat: 자바 클래스 이름을 명시해 입력 데이터 포맷을 정의하는 데 사용된다. 기본값은 TextInputFormat이다.

- outputformat: 자바 클래스 이름을 명시해 출력 데이터 포맷을 정의하는 데 사용된다. 기본값은 TextOutputFromat이다.

- partitioner: 맵 과정의 (키, 값) 쌍으로 출력을 파티셔닝하기 위한 코드가 작성된 클래스나 파일을 포함시키기 위해 사용된다.

- combiner: 키의 값으로 집계해 맵퍼의 출력을 줄이기 위한 코드가 작성된 클래스나 파일을 포함시키기 위해 사용된다.

- cmdenv: 이 옵션은 스트리밍 명령에 환경변수를 전달할 것이다. 예를 들어 R_LIBS 환경변수에 R 라이브러리가 있는 경로를 전달할 수 있다.

- inputreader: inputformat 클래스 대신에 RecordReader 클래스를 기술하기 위해 사용된다.

- verbose: 진행 상태를 출력하기 위해 사용된다.

- mapdebug: 맵퍼 태스크가 실패했을 때 맵퍼 파일 스크립트를 디버그하기 위해 사용된다.

- reducedebug: 리듀서 태스크가 실패했을 때 리듀서 파일 스크립트를 디버그하기 위해 사용된다.

이제 하둡 스트리밍 맵리듀스 잡을 위한 나머지 일반 옵션들을 살펴볼 시간이다.

- conf: 애플리케이션 설정 파일을 기술하기 위해 사용된다. 예를 들어 다음과 같다.

    **-conf configuration_file**

- D: 맵리듀스 또는 HDFS 속성을 기술하기 위한 값을 정의하기 위해 사용된다.

    **-D property=value**

    예를 들어, HDFS 디렉토리를 기술하기 위해 다음처럼 한다.

    **-D dfs.temp.dir=/app/tmp/Hadoop/**

    또는, 리듀서의 개수를 0으로 설정하기 위해 다음처럼 한다.

    **-D mapred.reduce.tasks=0**

 −D 옵션은 tool이 구현되었을 경우에만 동작한다.

- fs: 하둡 네임 노드를 정의하기 위해 사용된다.

    **-fs localhost:port**

- jt: 하둡 잡 트래커를 정의하기 위해 사용된다.

    **-jt localhost:port**

- files: HDFS로부터 큰 파일이나 다수의 텍스트 파일을 기술하기 위해 사용된다.

  **-files hdfs://host:port/directory/txtfile.txt**

- libjars: 클래스패스에 포함될 다수의 jar 파일을 기술하기 위해 사용된다.

  **-libjars /opt/current/lib/a.jar,/opt/current/lib/b.jar**

- archives: 로컬 장비에 압축이 풀려 저장될 jar 파일이나 압축 파일들을 기술하기 위해 사용된다.

  **-archives hdfs://host:fs_port/user/testfile.jar**


# R로 하둡 스트리밍을 수행하는 방법

지금까지 하둡 스트리밍이 무엇인지, 하둡 일반 옵션과 스트리밍 옵션으로 어떻게 수행시킬 수 있는지 알아보았다. 이제 R 스크립트를 어떻게 개발하고 수행시키는지 알아볼 차례다. 이를 위해 단어 수 세기 프로그램보다 좀 더 나은 예제를 다루어 보자.

여기서는 아래 네 가지의 맵리듀스 작업 단계를 설명한다.

- 맵리듀스 애플리케이션 이해하기
- 맵리듀스 애플리케이션 작성 방법 이해하기
- 맵리듀스 애플리케이션 실행 방법 이해하기
- 맵리듀스 애플리케이션의 결과를 살펴보는 방법 이해하기


### 맵리듀스 애플리케이션의 이해

**문제 정의:** 지리적 위치geolocation로 페이지 방문의 부류를 나누는 문제를 정의해 보자. 여기서는 구자라트 기술 대학Gujarat Technological University에 입학하기를 원하는 학생들에게 안내 정보를 제공하기 위해 개발된 웹사이트 http://www.

gtuadmissionhelpline.com/을 대상으로 한다. 이 웹사이트는 공학, 의학, 호텔 경영학, 건축, 약학, MBA, MCA 같은 다양한 분야의 세부 사항을 포함하고 있다. 맵리듀스 애플리케이션으로 지역별로 방문자가 관심이 있는 분야를 확인해볼 것이다.

예를 들어 발사드Valsad 시에서 유입된 방문자들은 MBA 페이지를 더 많이 방문한다. 이를 바탕으로 발사드 지역 학생들은 MBA 분야로 입학하는 데 관심이 많다는 경향성을 확인할 수 있다. 이 웹사이트 트래픽 데이터를 이용해 도시별 관심도도 확인할 수 있다. 발사드에 MBA 대학이 없다면 그들에게는 큰 이슈일 것이고 대학을 다른 도시로 이전할 필요가 있을 것이다. 이는 학생들의 교육 비용을 높이게 될지도 모른다.

구자라트 기술 대학은 이러한 종류의 데이터를 사용해 다양한 도시로부터 온 학생들을 위한 유용한 통찰을 얻을 수도 있을 것이다.

**입력 데이터 소스**: 이러한 유형의 분석을 수행하려면 해당 웹사이트의 웹 트래픽 데이터가 필요하다. 구글 애널리틱스Google Analytics는 웹사이트 온라인 방문자의 메타데이터를 추적하는 인기 있는 무료 서비스 중 하나다. 구글 애널리틱스는 다양한 차원과 지표의 관점에서 웹 트래픽 데이터를 저장한다. 구글 애널리틱스에서 데이터를 추출하기 위한 특정 쿼리를 디자인할 필요가 있다.

**입력 데이터**: 추출한 구글 애널리틱스 데이터는 다음 네 개의 데이터 컬럼을 포함한다.

- 날짜: YYYY/MM/DD 형식의 방문 날짜
- 국가: 방문자의 국가
- 도시: 방문자의 도시
- 페이지 경로: 방문한 페이지의 URL

입력 데이터의 상단 부분을 살펴보면 다음과 같다.

```
$ head -5 gadata_mr.csv
20120301, India, Ahmedabad, /
20120302, India, Ahmedabad, /gtuadmissionhelpline-team
```

```
20120302, India, Mumbai, /
20120302, India, Mumbai, /merit-calculator
20120303, India, Chennai, /
```

기대하는 결과의 형식은 다음 그림에서 볼 수 있다.

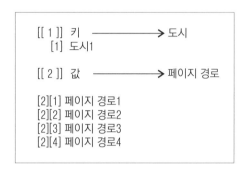

다음은 출력 예제다.

```
[[1]]
[1] "\"Rajkot\""

[[2]]
 [1] "\"/architecture-colleges-list\""
 [2] "\"/diplomaengineeringcollege/balaji-institute-of-engineering-technology-junagadh-\""
 [3] "\"/diplomaengineeringcollege/government-polytechnic-gandhinagar\""
 [4] "\"/gujarat-degree-engineering-college\""
 [5] "\"/me-mtech-colleges-list\""
 [6] "\"/pharmacycollege/degree-pharmacy-college-vivek-bharti-trust-junagadh\""
 [7] "\"/diploma-colleges-list\""
 [8] "\"/\""
 [9] "\"/diplomaengineeringcollege/government-polytechnic-bhuj-\""
[10] "\"/gujarat-mca-colleges-list\""
[11] "\"/d2dpharmacy/radhe-school-of-pharmacy-bio-research-institute-hirpura-\""
[12] "\"/MBA-MCA/k-b-raval-institute-of-computer-studies\""
[13] "\"/MBA-MCA/n-j-sonecha-institute-of-management-veraval\""
[14] "\"/diploma-admission-possibilities\""
[15] "\"/engineeringcollege/kankeshwari-devi-institute-of-technology-jamnagar\""
[16] "\"/engineeringcollege/noble-engineering-college-junagadh\""
[17] "\"/diplomaengineeringcollege/darshan-institute-of-engineering-technology-for-diploma-studies-rajkot\""
[18] "\"/medicalcollege/govt-dental-college-jamnagar\""
[19] "\"/d2dcollege/noble-engineering-college-junagadh\""
[20] "\"/gtud2dcalculator\""
```

## 맵리듀스 애플리케이션 작성 방법

이번 절에서는 맵리듀스 애플리케이션에 대한 두 개의 구성 단위를 배울 것이다.

- 맵퍼 코드

- 리듀서 코드

맵퍼 코드부터 시작해보자.

**맵퍼 코드**: R 스크립트 ga_mapper.R은 맵리듀스 잡의 맵 과정을 처리할 것이다.

맵퍼의 과제는 각 라인에 대해 동작해 (키, 값) 쌍을 추출하고, 그것을 그룹으로 묶고 집계하도록 리듀서로 전달하는 것이다. 이 예제에서는 각 라인이 맵퍼의 입력이고 출력은 [도시:페이지 경로]다. 도시는 키이고 페이지 경로는 값이다. 리듀서는 주어진 도시에 대한 모든 페이지 경로를 얻을 수 있고 쉽게 그룹을 지을 수 있다.

```
# 스크립트의 유형을 RScript로 확인한다.
#! /usr/bin/env Rscript

# 경고 메세지가 출력되지 않도록 비활성화한다.
options(warn=-1)

# 표준 입력에 연결을 초기화
input <- file("stdin", "r")
```

각 라인은 (날짜, 국가, 도시, 페이지 경로) 이렇게 네 개의 필드를 동일한 순서로 가지고 있으며 컴마로 해당 라인을 나누게 된다. 결과는 날짜, 국가, 도시 페이지 경로가 각각 1에서 4까지의 인덱스를 가지도록 구성된 벡터다.

세 번째와 네 번째 원소에서 도시와 페이지 경로를 추출해 키-값 쌍으로 스트림에 쓰여지면 이후의 과정을 위해 리듀서로 입력된다.

```
# 모든 라인을 읽을 때까지 루프를 수행
while(length(currentLine <- readLines(input , n=1, warn=FALSE)) > 0) {
    # ","를 구분자로해 라일을 벡터로 분리한다.
    fields <- unlist(strsplit(currentLine, ","))

    # 도시와 페이지 경로에 대한 필드를 얻어온다.
    city <- as.character(fields[3])
    pagepath <- as.character(fields[4])

    # 표준 출력으로 모두 출력한다.
    print(paste(city, pagepath, sep="\t"), stdout())
}

# 입력 스트립 연결을 닫는다.
close(input)
```

맵퍼 과정의 (키, 값) 쌍 결과가 표준출력으로 나오자마자 리듀서는 표준출력으로부터 라인 별 결과를 읽어들이고 최종적으로 취합한 키-값 쌍으로 변환할 것이다.

맵퍼 결과 형식이 어떤지, 리듀서의 입력 데이터 형식과 어떻게 닮았는지 살펴보자.

**리듀서 코드:** R 스크립트 ga_reducer.R은 맵리듀스 잡의 리듀서 부분을 처리할 것이다.

앞에서 논의한 것처럼 맵퍼의 출력은 리듀서의 입력으로 인식될 것이다. 리듀서는 입력을 도시와 페이지 경로로 읽어들이고 각각의 키에 대한 모든 값을 결합할 것이다.

```
# 스크립트의 유형을 RScript로 확인한다.
#! /usr/bin/env Rscript

# 변수를 초기값으로 정의한다.
city.key <- NA
page.value <- 0.0

# 표준 입력 연결을 초기화
input <- file("stdin", open="r")

# 모든 라인을 읽을 때까지 루프를 수행
while(length(currentLine <- readLines(input, n=1)) > 0) {
    # 탭 문자("\t")로 맵퍼 출력 라인을 분리해 벡터로 만든다.
    fields <- strsplit(currentLine, "\t")

    # 필드에서 키와 값을 얻는다.
    # 라인에서 첫 번째 데이터 원소를 도시값으로 수집
    key <- fields[[1]][1]

    # 라인에서 페이지 경로 값을 수집
    value <- as.character(fields[[1]][2])
```

맵퍼 출력은 \t를 구분자로 해 두 개의 주요 필드를 라인 단위로 만들어져 있기 때문에 입력 스트림에서 주요 속성(키와 값)을 얻으려면 \t를 사용해 데이터를 분리해야 한다.

키와 값을 수집하고 나면 리듀서는 그 데이터를 이전에 얻어온 값과 비교할 것이다. 이미 설정된 값이 없다면 값을 설정하고, 설정된 값이 있다면 R의 combine 함수를 이용해 이전에 설정된 문자 값과 병합한다. 마지막으로 결과를 HDFS 출력 위치에 출력한다.

```
# 키와 값을 설정한다.
# 블럭은 키 속성이 초기화되어 있는지 여부를 체크할 것이다.
# 초기화되어 있지 않다면 맵퍼 출력에서 수집한 키 속성을 값으로 할당할 것이다.
# 이 코드는 최초 수행을 위해 디자인되었다.
if (is.na(city.key)) {
    city.key <- key
    page.value <- value
} else {
    # 키 속성이 일단 설정되면 이전의 키 속성값과 맞을 것이다.
    # 두 키가 매치된다면 하나로 결합할 것이다.
    if (city.key == key) {
        page.value <- c(page.value, value)
    } else{

        # 키 속성이 이미 설정되어 있지만 속성값이 이전 값과 다르다면
        # 연관된 키로 같은 도시의 속성값을 갖는 페이지 경로 값을 써준다.
        page.value <- unique(page.value)

        # 키와 값을 표준출력으로 출력한다.
        print(list(city.key, page.value),stdout())

        city.key <- key
        page.value <- value
    }
}
}
print(list(city.key, page.value), stdout())

# 연결을 닫는다.
close(input)
```

## 맵리듀스 애플리케이션 실행 방법

R 언어로 맵퍼와 리듀서 스크립트를 개발하고 나면 하둡 환경에서 실행해볼 수 있다. 하지만 그 전에 간단히 파이프를 이용해 샘플 데이터로 테스트해보는 것을 추천한다.

```
$ cat gadata_sample.csv | ga_mapper.R | sort | ga_reducer.R
```

위 명령은 개발한 맵퍼와 리듀서 스크립트를 로컬 컴퓨터상에서 수행하지만 하둡 스트리밍 잡과 비슷하게 동작할 것이다. 이렇게 런타임에 발생할 수 있는 이슈 또는 프로그래밍 오류나 논리적인 실수를 확인하는 테스트가 필요하다.

이제 맵퍼와 리듀서의 테스트를 마치고 하둡 스트리밍 명령을 실행시킬 준비가 되었다. 이번 장의 '하둡 스트리밍의 기본 이해' 절에서 살펴본 것처럼, 이 하둡 스트리밍 작업은 스트리밍 명령행 옵션으로 일반 jar 명령을 호출해 실행할 수 있다. 하둡 스트리밍 잡은 다음 두 가지 방법으로 실행할 수 있다.

- 명령 프롬프트에서 실행
- R 또는 RStudio 콘솔에서 실행

일반 옵션과 스트리밍 명령 옵션을 포함하는 실행 명령은 두 방법 모두 동일할 것이다.

## 명령 프롬프트에서 하둡 스트리밍 잡 실행

'하둡 스트리밍의 기본 이해' 절에서 본 것처럼 R로 개발한 하둡 스트리밍 맵리듀스 잡은 다음 명령을 사용해 실행할 수 있다.

```
$ bin/hadoop jar {HADOOP_HOME}/contrib/streaming/hadoop-streaming-
1.0.3.jar
    -input /ga/gadaat_mr.csv
    -output /ga/output1
    -file /usr/local/hadoop/ga/ga_mapper.R
    -mapper ga_mapper.R
    -file /usr/local/hadoop/ga/ga_reducer.R
    -reducer ga_reducer.R
```

## R 또는 RStudio에서 하둡 스트리밍 잡 실행

R 사용자라면 하둡 스트리밍 잡을 R 콘솔에서 실행하는 것이 더 편할 것이다. 다음과 같이 system 명령을 활용할 수 있다.

```
system(paste("bin/hadoop jar", "{HADOOP_HOME}/contrib/streaming/hadoop-
streaming-1.0.3.jar",
    "-input /ga/gadata_mr.csv",
    "-output /ga/output2",
    "-file /usr/local/hadoop/ga/ga_mapper.R",
    "-mapper ga_mapper.R",
    "-file /usr/local/hadoop/ga/ga_reducer.R",
    "-reducer ga_reducer.R"))
```

위 명령은 앞에서 일반 옵션과 스트리밍 옵션으로 하둡 스트리밍 잡을 실행하기 위해 명령 프롬프트에서 사용했던 것과 비슷한 명령이다.


## 맵리듀스 애플리케이션의 결과를 살펴보는 방법

실행이 성공적으로 완료되고 나면 그 결과를 살펴보고 생성된 결과가 중요한지 아닌지를 체크해야 한다. 출력은 _log와 _SUCCESS 이 두 디렉토리와 함께 만들어진다. _log는 에러를 포함한 모든 동작들을 추적하는데 사용된다. _SUCCESS는 맵리듀스 잡이 성공적으로 완료됐을 때에만 생성될 것이다.

잡을 실행할 때와 마찬가지로 두 가지 방법으로 명령을 수행할 수 있다.

● 명령 프롬프트에서 실행
● R 또는 RStudio 콘솔에서 실행


### 명령 프롬프트에서 결과 살펴보기

결과 디렉토리에 생성된 파일을 나열하려면 다음과 같은 명령을 호출한다.

```
$ bin/hadoop dfs -cat /ga/output/part-* > temp.txt
$ head -n 40 temp.txt
```

결과를 점검하는 화면은 다음과 같다.

```
hduser@ubuntu:/usr/local/hadoop$ bin/hadoop dfs -cat /ga/output/part-* > temp.txt
hduser@ubuntu:/usr/local/hadoop$ head -n 40 temp.txt
[[1]]
[1] "\"Aachen\""

[[2]]
[1] "\"/medicalcollege/m-p-shah-medical-college\""

[[1]]
[1] "\"Abbottabad\""

[[2]]
[1] "\"/merit-calculator\""

[[1]]
[1] "\"Absecon\""

[[2]]
[1] "\"/medicalcollege/gujarat-medical-education-and-research-society-gmers-medical-college\""

[[1]]
[1] "\"Abu Dhabi\""

[[2]]
 [1] "\"/architecture-college/sardar-vallabhbhai-patel-institute-of-technology-svit-\""
 [2] "\"/\""
 [3] "\"/degree-engineering-colleges-list\""
 [4] "\"/gujarat-mca-colleges-list\""
 [5] "\"/medicalcollege/s-s-agarwal-college-of-nursing-navsari\""
 [6] "\"/gtud2dcalculator\""
 [7] "\"/pharmacycollege/sardar-patel-college-of-pharmacy-for-women\""
 [8] "\"/engineeringcollege/institute-of-infrastructure-technology-research-and-management-ahmedabad\""
 [9] "\"/diploma-colleges-list\""
[10] "\"/diploma-engineering-colleges-list\""
[11] "\"/d2d-engineering-colleges-list\""
```

## R 또는 RStudio 콘솔에서 결과 살펴보기

R 콘솔에서도 동일하게 system 메소드 명령을 사용할 수 있다.

```
dir <- system("bin/hadoop dfs -ls /ga/output", intern=TRUE)
out <- system("bin/hadoop dfs -cat /ga/output2/part-00000", intern=TRUE)
```

앞에서 사용한 함수의 결과 화면은 다음과 같다.

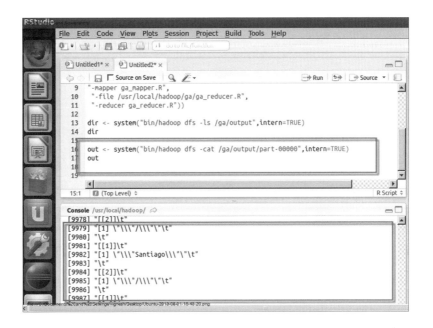

## 하둡 맵리듀스 스크립트에서 사용된 기본 R 함수의 이해

이제 하둡 맵퍼와 리듀서에서 데이터 프로세싱을 위해 사용한 기본 유틸리티 함수를 살펴볼 것이다.

- file: 읽고 쓰기 작업을 할 파일에 대한 커넥션을 생성하는 데 사용되며 또한 표준 입력과 표준 출력에서 읽고 쓰기 위한 용도로 사용된다. 이 함수는 맵퍼와 리듀서 과정의 초기화 단계에서 사용될 것이다.

  ```
  con <- file("stdin", "r")
  ```

- write: 데이터를 파일 또는 표준 입력에 쓰기 위해 사용되며 맵퍼에서 키, 값 쌍이 설정된 후에 사용될 것이다.

  ```
  write(paste(city, pagepath, sep="\t"), stdout())
  ```

- print: 데이터를 파일이나 표준 입력에 쓰기 위해 사용되며 맵퍼에서 키, 값 쌍이 설정된 후에 사용될 것이다.

  ```
  print(paste(city, pagepath, sep="\t"), stdout())
  ```

- close: 읽기 또는 쓰기 작업이 완료된 후에 파일에 대한 연결을 닫는데 사용할 수 있으며, 맵퍼와 리듀서 마지막에 모든 프로세스를 마쳤을 때 사용할 수 있다.

```
close(conn)
```

- stdin: 입력에 해당하는 표준 연결이다. stdin() 함수는 연결 오브젝트를 반환하는 텍스트 모드 연결이다. 이 함수는 맵퍼와 리듀서에서 사용될 것이다.

```
conn <- file("stdin", open="r")
```

- stdout: 출력에 해당하는 표준 연결이다. stdout() 함수 또한 연결 오브젝트를 반환하는 텍스트 모드 연결이다. 이 함수는 맵퍼와 리듀서에서 사용될 것이다.

```
print(list(city.key, page.value), stdout())
## city.key는 키이고 page.value는 해당 키의 값이다.
```

- sknk: R의 결과를 파일 또는 스트림 연결로 보낸다. 이 함수는 맵퍼와 리듀서에서 에러를 포함한 모든 기능적 결과를 추적하는 데 사용될 것이다.

```
sink("log.txt")
k <- 1:5
for(i in 1:k){
    print(paste("value of k", k))
} sink()
unlink("log.txt")
```

## 하둡 맵리듀스 잡 모니터링

리듀스 단계에서의 사소한 문법 오류도 맵리듀스 잡을 실패하게 만든다. 하둡 맵리듀스 잡이 실패하고 나면 완료된 잡뿐만 아니라 실행 중인 잡의 정보도 얻을 수 있는 하둡 맵리듀스 관리 페이지에서 문제를 추적할 수 있다.

잡이 실패했을 때, 맵과 리듀스 잡이 몇 개나 완료되었는지 또는 실패했는지 알 수 있다. 실패한 잡을 클릭하면 해당 맵퍼 또는 리듀서가 실패한 이유를 알 수 있다.

또한 다음 그림과 같이 잡 트래커 콘솔에서 현재 실행중인 맵리듀스 잡의 실시간 진행 상황도 체크할 수 있다.

# Hadoop job_201308010050_0007 on localhost

**User:** hduser
**Job Name:** streamjob638280349220829980.jar
**Job File:** hdfs://localhost:54310/app/hadoop/tmp/mapred/staging/hduser/.staging/job_201308010050_0007/job.xml
**Submit Host:** ubuntu
**Submit Host Address:** 127.0.1.1
**Job-ACLs: All users are allowed**
**Job Setup:** Successful
**Status:** Running
**Started at:** Thu Aug 01 02:57:14 PDT 2013
**Running for:** 2mins, 17sec
**Job Cleanup:** Pending

| Kind | % Complete | Num Tasks | Pending | Running | Complete | Killed | Failed/Killed Task Attempts |
|------|-----------|-----------|---------|---------|----------|--------|------------------------------|
| map  | 100.00%   | 2         | 0       | 0       | 2        | 0      | 0 / 0 |
| reduce | 0.00%   | 1         | 0       | 1       | 0        | 0      | 0 / 0 |

| | Counter | Map | Reduce | Total |
|---|---------|-----|--------|-------|
| File Input Format Counters | Bytes Read | 3,454,842 | 0 | 3,454,842 |
| Job Counters | SLOTS_MILLIS_MAPS | 0 | 0 | 233,623 |
| | Launched reduce tasks | 0 | 0 | 1 |
| | Launched map tasks | 0 | 0 | 2 |
| | Data-local map tasks | 0 | 0 | 2 |
| FileSystemCounters | HDFS_BYTES_READ | 3,455,026 | 0 | 3,455,026 |
| | FILE_BYTES_WRITTEN | 2,616,420 | 0 | 2,616,420 |
| | Map output materialized bytes | 2,570,834 | 0 | 2,570,834 |
| | Map input records | 43,673 | 0 | 43,673 |

▲ 하둡 맵리듀스 잡 모니터링

다음과 같이 출력 디렉토리를 인자로 해 명령을 수행하면 특정 맵리듀스 잡의 이력을 체크할 수 있다.

```
$ bin/hadoop job -history /output/location
```

다음 명령은 맵리듀스 잡의 상세 내용을 출력할 것이다. 실패한 경우 잡이 종료된 이유도 출력한다.

```
$ bin/hadoop job -history all /output/location
```

이 명령은 성공한 태스크와 각 태스크를 위한 시도에 관해 정보를 출력할 것이다.

# R 패키지 HadoopStreaming 살펴보기

HadoopStreaming은 데이비드 로젠버그가 개발한 R 패키지다. 맵리듀스 스크립팅을 위한 간단한 프레임워크이며 하둡 없이도 데이터 작업을 스트리밍 방식으로 수행한다. 이 R 패키지를 하둡 맵리듀스 시작점으로 생각할 수 있다. 명령 프롬프트에서 입력할 하둡 스트리밍 명령어를 떠올리기 힘든 분석가나 개발자에는 이 패키지가 하둡 맵리듀스 잡을 빠르게 실행해보는 데 많은 도움이 될 것이다.

이 패키지에는 다음과 같은 세 가지 주요 기능이 있다.

- **청크 단위 데이터 읽기**: 하둡 스트리밍을 위해 청크 단위로 데이터를 읽고 쓸 수 있게 해준다. 이 기능은 메모리 이슈를 해결할 것이다.
- **다양한 데이터 포맷 지원**: 세 가지 다른 데이터 포맷에서 데이터를 읽거나 쓸 수 있게 해준다.
- **하둡 스트리밍 명령을 위한 풍부한 유틸리티**: 하둡 스트리밍을 위해 사용자가 명령 행 인자를 명시할 수 있게 해준다.

이 패키지는 데이터를 효과적으로 읽기 위해 세 가지 함수로 디자인되었다.

- hsTableReader
- hsKeyValReader
- hsLineReader

이들 함수와 그 사용법을 살펴보자. 그러고 나서 워드카운트 맵리듀스 잡의 사례로 이러한 기능을 이해해본다.

## hsTableReader 함수

hsTableReader 함수는 테이블 포맷에서 데이터를 읽기 위해 디자인되었다. 이 함수는 파일에 이미 입력 연결이 있다고 가정하므로 전체 행을 가져올 것이다. 입력 파일에서 같은 키를 가진 행은 모두 연속해 저장되어 있다고 가정한다.

하둡 스트리밍 잡은 리듀서에게 전달하기 전에 맵퍼의 출력 행을 정렬하는 것을 보장하므로 하둡 스트리밍 맵리듀스 잡에서 sort 함수를 사용할 필요는 없다. 하지만 하둡상에서 수행하지 않을 때는 맵퍼 함수를 수행한 후에 sort 함수를 명시적으로 호출해야 한다.

hsTableReader의 함수 정의는 다음과 같다.

```
hsTableReader(file="", cols='character',
        chunkSize=-1, FUN=print,
        ignoreKey=TRUE, singleKey=TRUE, skip=0,
        sep='\t' , keyCol='key' ,
        FUN=NULL, carryMemLimit=5.12+e06,
        carryMaxRows=Inf,
        stringsAsFactors=FALSE)
```

위 코드에서 나온 용어에 대한 설명은 다음과 같다.

- file: 커넥션 객체다. 스트림이거나 스트링이다.
- chunkSize: 함수에서 한 번에 읽어들일 최대 라인 수를 표시한다. -1은 한 번에 모든 라인을 읽는다.
- cols: 무슨 인자로 스캔할 것인지에 대한 열 이름의 리스트다.
- skip: 데이터에서 앞부분 n행을 읽어들이지 않는다.
- FUN: 데이터를 사용할 사용자 입력 함수다.
- carryMemLimit: 단일 키의 값을 위한 최대 메모리 제한을 나타낸다.
- carryMaxRows: 파일로부터 읽어들일 최대 행의 수를 나타낸다.
- stringsAsFactors: 스트링을 요인형으로 변환할 것인지 아닌지를 정의한다 (TRUE 또는 FALSE).

예를 들어 파일에 데이터가 다음과 같다고 하자.

```
# 라이브러리 로딩
Library("HadoopStreaming")
```

```
# 키와 값으로 구성된 입력 데이터 스트링
str <- "key1\t1.91\nkey1\t2.1\nkey1\t20.2\nkey1\t3.2\n
        key2\t1.2\nkey2\t10\nkey3\t2.5\nkey3\t2.1\nkey4\t1.2\n"
cat(str)
```

위 코드의 출력은 다음 그림과 같다.

```
> str <- "key1\t1.91\nkey1\t2.1\nkey1\t20.2\nkey1\t3.2\nkey2\t1.2\nkey2\t10\nkey3\t2.5\nkey3\t2.1\nkey4\t1.2\n"
> cat(str)
key1 1.91
key1 2.1
key1 20.2
key1 3.2
key2 1.2
key2 10
key3 2.5
key3 2.1
key4 1.2
```

hsTableReader가 읽은 데이터는 다음과 같다.

```
# 스캔할 인자가 무엇인지에 대한 열 이름 리스트
cols = list(key=' ', val=0)
```

```
# 텍스트 연결을 만든다.
con <- textConnection(str, open = "r")
```

```
# chunkSize를 3으로 데이터를 읽어들인다.
hsTableReader(con, cols, chunkSize=3, FUN=print, ignoreKey=TRUE)
```

위 코드의 출력을 다음 그림과 같다.

```
> hsTableReader(con,cols,chunkSize=3,FUN=print,ignoreKey=TRUE)
   key   val
1 key1  1.91
2 key1  2.10
3 key1 20.20
   key  val
1 key1  3.2
2 key2  1.2
3 key2 10.0
   key val
1 key3 2.5
2 key3 2.1
3 key4 1.2
```

136

## hsKeyValReader 함수

hsKeyValReader 함수는 키-값 쌍 형태로 사용 가능한 데이터를 읽기 위해 디자인되었다. 또한 이 함수는 한번에 읽을 라인 수를 정의하기 위해 chunkSize를 사용하며, 각 라인은 키 스트링과 값 스트링으로 구성된다.

```
hsKeyValReader(file = "", chunkSize = -1,
          skip = 0, sep = "\t", FUN = function(k, v) cat(paste(k, v))
```

이 함수에서 사용한 용어는 hsTableReader()와 비슷하다.

예제:

```
# 청크 단위로 데이터셋을 읽기 위한 함수
printFn <- function(k, v) {
          cat('A chunk: \n')
          cat(paste(k, v, sep = ': '), sep = '\n')
}
str <- "key1\tval1\nkey2\tval2\nkey3\tval3\n"
con <- textConnection(str, open = "r")
hsKeyValReader(con, chunkSize = 1, FUN = printFn)
```

위 코드의 결과는 다음 그림과 같다.

```
> hsKeyValReader(con,chunkSize=1,FUN=printFn)
A chunk:
key1: val1
A chunk:
key2: val2
A chunk:
key3: val3
```

## hsLineReader 함수

hsLineReader 함수는 데이터 파싱 작업을 수행하지 않고 전체 라인을 스트링으로 읽어들이기 위한 함수다. hsLineReader는 파일로부터 반복적으로 chunkSize 줄의 데이터를 읽고, 이 스트링 벡터를 FUN에 전달한다.

```
hsLineReader(file = "", chunkSize = 3, skip = 0, FUN = function(x) cat(x,
sep = "\n"))
```

이 함수에서 사용된 용어는 `hsTableReader()`와 유사하다.

예제:

```
str <- " This is HadoopStreaming!!\n here are,\n examples for chunk
dataset!!\n in R\n ?"

# 데이터 소스로써 문자열을 정의함
con <- textConnection(str, open = "r")

# con 오브젝트에서 읽기
hsLineReader(con, chunkSize = 2, FUN = print)
```

위 코드의 출력은 다음 그림과 같다.

```
> hsLineReader(con,chunkSize=2,FUN=print)
[1] "This is HadoopStreaming!!" " here are,"
[1] " exampels for chunk dataset!!" " in R"
[1] "  ?"
```

여기서 소개한 메소드와 HadoopStreaming 패키지의 다른 메소드에 대한 더 자세한 사항은 http://cran.r-project.org/web/packages/HadoopStreaming/HadoopStreaming.pdf를 참고한다.

**문제 정의:** 이제 위에서 소개한 데이터 읽기 메소드를 하둡상에서 동작하도록 하둡 맵리듀스 프로그램으로 구현할 것이다. 어떤 경우에는 키-값 쌍이나 데이터 행이 장비 메모리에 적재되기엔 너무 클 수 있으니 장비 설정을 바꾸는 것보다 청크 단위로 데이터를 읽는 것이 적절할 것이다.

**하둡 단어 수 세기:** 이미 단어 수 세기 애플리케이션이 어떤 것인지 다루었으니 단어 수 세기 개념으로 위에서 다룬 메소드를 구현할 것이다. 이 R 스크립트는 HadoopStreaming R 패키지 배포 라이브러리에 함께 포함된 샘플 코드를 재작성한 것이다.

**입력 데이터 셋:** 러시아 작가 레프 톨스토이의 소설 〈안나 카레니나〉의 1장을 사용한다.

**R 스크립트**: 이 절의 나머지 부분은 맵퍼와 리듀서 그리고 설정 매개변수를 소개한다.

**파일**: hsWordCnt.R

```
## 라이브러리 로딩
library(HadoopStreaming)

## 이 스크립트를 위한 추가적인 명령행 인자(나머지는 hsCmdLineArgs 디폴트 인자 사용)
spec = c('printDone', 'D', 0, "logical", "A flag to write DONE at the
end.", FALSE)
opts = hsCmdLineArgs(spec, openConnections=TRUE, args=c('-m', '-r'))

if(!opts$set) {
    quit(status=0)
}

# 맵퍼 열 이름을 정의
mapperOutCols = c('word', 'cnt')

# 리듀서 열 이름을 정의
reducerOutCols = c('word', 'cnt')

# 맵퍼 결과를 위한 열의 헤더 출력
if(opts$mapcols) {
    cat(paste(mapperOutCols, collapse=opts$outsep), '\n', file=opts$outcon)
}

# 리듀서 결과를 위한 열의 헤더 출력
if(opts$reducecols) {
    cat(paste(reducerOutCols, collapse=opts$outsep), '\n',
file=opts$outcon)
}

## 맵퍼 수행을 위한 부분
if(opts$mapper){
    mapper <- function(d) {
        words<-strsplit(paste(d,collapse=''),'[[:punct:][:space:]]+')[[1]]
```

```
                # 구두점과 공백으로 분할
                # 공백으로 시작하는 라인 때문에 발생한 빈 단어 제거
                words <- words[!(words==' ')]
                df = data.frame(word=words)
                df[, 'cnt'] = 1

                # 키-값 쌍 테이블 형태로 결과를 쓴다.
                hsWriteTable(df[ , mapperOutCols], file = opts$outcon, sep =
                    opts$outsep)
        }
        ## 리듀서에 전달하기 위해 맵퍼 결과를 청크 단위로 읽는다.
        hsLineReader(opts$incon, chunkSize=opts$chunksize, FUN=mapper)

## 리듀서 수행을 위한 부분
} else if (opts$reducer) {
    reducer <- function(d) {
        cat(d[1, 'word'], sum(d$cnt), '\n', sep=opts$outsep)
    }

    # 컬럼 이름과 타입을 정의 (''-->string, 0-->numeric)
    cols=list(word='',cnt=0)

    hsTableReader(opts$incon, cols, chunkSize=opts$chunksize, skip=opts$skip,
        sep=opts$insep, keyCol ='word', singleKey=T, ignoreKey=F, FUN=reducer)
    if (opts$printDone) {
        cat("DONE\n");
    }
}

# 입력에 해당하는 커넥션을 닫는다.
if (!is.na(opts$infile)) {
    close(opts$incon)
}

# 출력에 해당하는 커넥션을 닫는다.
if (!is.na(opts$outfile)) {
    close(opts$outcon)
}
```

## 하둡 스트리밍 잡 수행

여기서 소개하는 예제도 하둡 스트리밍 잡이기 때문에 앞에서 소개한 하둡 스트리밍 잡 예제와 동일하게 수행될 것이다. 하둡 스트리밍을 수행하는 runHadoop.sh 파일을 실행하기 위해 셸 스크립트를 사용할 것이다.

시스템 환경변수를 설정한다.

```
#! /usr/bin/env bash

# 하둡 명령
HADOOP="$HADOOP_HOME/bin/hadoop"

# 버전 숫자를 적당히 수정해야 한다.
HADOOPSTREAMING="$HADOOP jar $HADOOP_HOME/contrib/streaming/hadoop-
streaming-1.0.3.jar"

# 추가적인 R 라이브러리 경로를 여기에 명시할 수 있다.
RLIBPATH=/usr/local/lib/R/site-library
```

맵리듀스 잡 매개변수를 설정한다.

```
INPUTFILE="anna.txt"
HFSINPUTDIR="/HadoopStreaming"
OUTDIR="/HadoopStreamingRpkg_output"

RFILE="home/hduser/Desktop/HadoopStreaming/inst/wordCntDemo/hsWordCnt.R"
LOCALOUT="/home/hduser/Desktop/HadoopStreaming/inst/wordCntDemo/
annaWordCnts.out"
# 하둡 파일시스템으로 파일 복사
$HADOOP fs -put $INPUTFILE $HFSINPUTDIR
```

이미 만들어진 출력 디렉토리를 제거한다.

```
# 만약 존재한다면 디렉토리를 제거(그렇지 않으면 수행하지 않는다)
$HADOOP fs -rmr $OUTDIR
```

일반 옵션과 스트리밍 옵션으로 하둡 맵리듀스 명령을 디자인한다.

```
MAPARGS="--mapper"
REDARGS="--reducer"
JOBARGS="-cmdenv
R_LIBS=$RLIBPATH"
```

```
# 리듀스 태스크의 수는 0
# echo $HADOOPSTREAMING -cmdenv R_LIBS=$RLIBPATH -input
$HFSINPUTDIR/$INPUTFILE -output $OUTDIR -mapper "$RFILE $MAPARGS" -reducer
"$RFILE $REDARGS" -file $RFILE

$HADOOPSTREAMING $JOBARGS -input $HFSINPUTDIR/$INPUTFILE -output $OUTDIR
-mapper "$RFILE $MAPARGS" -reducer "$RFILE $REDARGS" -file $RFILE
```

결과를 HDFS로부터 로컬 디렉토리로 추출한다.

```
# 결과 추출
./$RFILE --reducecols > $LOCALOUT
$HADOOP fs -cat $OUTDIR/part* >> $LOCALOUT
```

### 하둡 스트리밍 잡 실행

이제 runHadoop.sh 명령을 실행해 하둡 스트리밍 잡을 수행할 수 있다. 실행을 위해 권한을 세팅해야 한다.

**sudo chmod +x runHadoop.sh**

다음 명령으로 실행한다.

**./runHadoop.sh**

최종적으로 runHadoop.sh는 하둡 스트리밍 잡 전체를 실행하고 결과를 로컬 디렉토리에 복사한다.


## 요약

데이터 작업 수행을 위해 R과 하둡을 연동하는 대부분의 방법을 배웠다. 다음 장에서는 R과 하둡으로 실세계의 데이터 분석 문제를 해결하기 위한 데이터 분석 주기에 관해 알아본다.

# 5

# R과 하둡으로 데이터 분석

지금까지 R과 하둡의 설치, 설정, 연동에 대해 학습했다. 이번 장에서는 R과 하둡 통합 환경에서 어떻게 데이터 분석 작업을 수행하는지 살펴본다. 데이터 분석을 위해 이 장을 디자인했기 때문에 효율적인 분석 사이클로써 데이터 분석을 이해할 수 있을 것이다.

이번 장에서 배울 내용은 다음과 같다.

* 데이터 분석 프로젝트의 라이프 사이클 이해
* 데이터 분석 문제의 이해

## 데이터 분석 프로젝트의 라이프 사이클 이해

데이터 분석 프로젝트를 다루는 동안에 원하는 결과를 얻기 위해 수반되어야 하는, 어느 정도 정해진 작업들이 있다. 그래서 여기에서는 데이터로부터 효과적으로 직관을 이끌어내기 위한 표준 데이터-주도 프로세스의 집합인, 데이터 분석 프로젝트 사이클을 구축해볼 것이다. 프로젝트 라이프 사이클로 정의된 데이터 분석 프로세스는 입력 데이터셋을 사용해 목표를 효과적으로 달성하기 위한 일련의 작업들을 수반한다. 이 데이터 분석 프로세스는 데이터 분석 문제의 확인, 디자인하기, 데이터셋 수집, 데이터 분석 및 시각화를 포함한다.

데이터 분석 프로젝트 라이프 사이클의 절차를 다음 그림에서 확인할 수 있다.

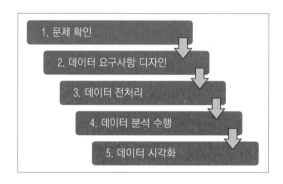

데이터 분석 수행하기 위한 각 단계를 좀 더 상세히 살펴보자.

## 문제 확인

성장하는 비즈니스에 대한 웹 데이터셋 분석을 수행하게 되면서 오늘날 비즈니스 분석의 경향이 변화하고 있다. 현업에서 요구되는 데이터 크기가 날이 갈수록 증가하고 있기 때문에 데이터셋으로부터 직관을 얻기 위해 분석 애플리케이션은 확장성을 필요로 한다.

웹 분석의 도움으로 비즈니스 분석 문제를 해결할 수 있게 되었다. 우리가 큰 규모의 전자상거래 웹사이트를 가지고 있으며 현재 사업이 어떻게 성장하고 있는지 알기를 원한다고 가정해보자. 인기도에 따라 페이지를 상, 중, 하 카테고리로 나누어서 웹사이트의 주요 페이지를 확인할 수 있다. 이렇게 인기 페이지, 타입, 트래픽 유입, 콘텐츠 등에 기반해 웹 트래픽과 내용을 개선하면 사업을 발전시키기 위한 큰 그림을 정할 수 있다.

## 데이터 요구사항 디자인

특정 문제에 대한 데이터 분석을 수행하기 위해서는 연관된 분야의 데이터셋이 필요하다. 도메인과 문제 명세에 따라 데이터 소스가 결정되고, 문제 정의에 따라 이러한 데이터셋의 데이터 속성을 정할 수 있다.

예를 들어, 소셜미디어 분석을 수행하고 있다면(문제 명세) 페이스북이나 트위터 데이터를 활용해야 하고, 사용자 특성을 확인하기 위해 사용자 프로필 정보, 좋아요, 작성글 등을 데이터 속성으로 사용할 것이다.

## 데이터 전처리

데이터 분석을 수행할 때 항상 똑같은 데이터 소스와 데이터 속성, 데이터 도구, 알고리즘을 사용하지는 않으며 이들 모두 같은 형식으로 데이터를 사용하지 않는다. 이것은 데이터 분석에 사용될 데이터 도구나 알고리즘에서 지원하는 형식으로 데이터를 제공하기 위해 데이터 정제, 데이터 집계, 데이터 증대, 데이터 정렬, 데이터 형식화 같은 데이터 작업을 수행할 때 성능 문제를 야기한다.

간단히 말해, 알고리즘이나 도구에 데이터를 제공하기 전에 정해진 데이터 형식으로 데이터를 변환하는 데이터 작업을 수행하기 위해 처리 작업이 사용된다. 그 후 데이터 분석 프로세스는 이 형식화된 데이터를 입력으로 사용해 시작될 것이다.

빅데이터의 경우 데이터셋을 형식화하고 하둡 분산 파일시스템HDFS에 업로드해야 하며, 이 데이터는 차후에 하둡 클러스터에서 다양한 노드의 맵퍼와 리듀서에서 사용된다.

## 데이터 분석 수행

분석 알고리즘이 요구하는 포맷으로 데이터가 사용 가능한 상태가 되면 데이터 분석 작업이 수행될 것이다. 데이터 분석 작업은 데이터 마이닝 개념을 활용해 비즈니스에서 좀 더 나은 결정을 내릴 수 있도록 데이터에서 의미 있는 정보를 발견하는 데 사용된다. 비즈니스 인텔리전스를 위해 기술적descriptive 분석이나 예측predictive 분석을 사용한다.

회귀, 분류, 군집화, 모델 기반 추천 같은 다양한 기계학습 또는 맞춤 알고리즘 개념에 분석을 사용할 수 있다. 빅데이터에서 동일한 알고리즘을 하둡 클러스터에서 실행하기 위한 맵리듀스 알고리즘으로 변환할 수 있다. 이 모델은 차후에 기계학습 개념의 다양한 평가 단계에서 개선되고 평가되어야 한다. 개선되거나 최적화된 알고리즘은 더 나은 직관을 줄 수 있다.

## 데이터 시각화

데이터 시각화는 데이터 분석 결과를 나타내는 데 사용된다. 시각화는 데이터 직관을 표현하는 인터랙티브한 방법이다. R 패키지뿐만 아니라 다양한 데이터 시각화 소프트웨어를 사용해 수행할 수 있다. R은 데이터셋의 시각화를 위해 다음과 같은 다양한 패키지를 가지고 있다.

- ggplot2: 해들리 위컴 박사가 작성한 그래픽 문법Grammar of Graphics의 구현체다. 더 자세한 정보는 http://cran.r-project.org/web/packages/ggplot2/를 참고하라.

- rCharts: 마커스 게스맨과 디에고 드 카스틸로가 작성한 R 패키지다. 이 패키지를 이용하면 친숙한 격자 스타일의 그림을 사용해 R에서 인터랙티브한 자바스크립트 시각화를 생성하고 조작하고 배포할 수 있다. 더 자세한 정보는 http://ramnathv.github.io/rCharts/를 참고하라.

주로 사용하는 시각화 예제는 다음과 같다.

- **분할 면**facet **스케일 그림**: 다음 그림은 ggplot을 이용해서 교육 정도, 수입, 기대 수명, 문맹률 등 각기 다른 측도로 남성과 여성을 비교한다.

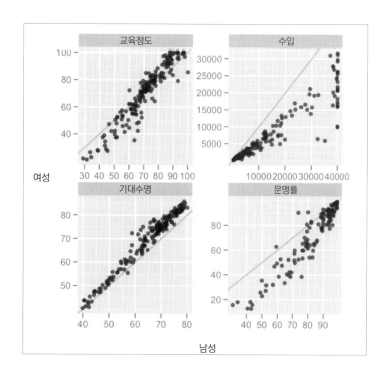

- **대시보드 차트**: 이것은 rCharts 타입이다. R에서 인터랙티브한 애니메이션 대시
  보드를 구축할 수 있다.

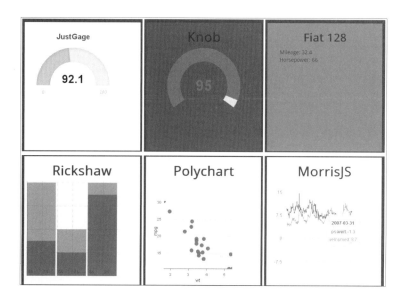

# 데이터 분석 문제의 이해

이번 절에서는 R과 하둡을 이용한 데이터 주도 활동의 다양한 단계로써 실제 데이터 분석을 수행하는 문제 세 가지를 소개한다. 이러한 데이터 분석 문제 정의는 독자들이 하둡의 계산 능력과 R의 함수, 패키지의 분석 능력을 이용해 빅데이터 분석이 어떻게 수행되는지 이해할 수 있도록 구성했다.

데이터 분석 문제 정의는 다음과 같다.

- 웹 페이지의 카테고리 분석

- 주식 시장에서 변화 빈도 계산

- 불도저 통계 정보 연감을 위한 판매 가격 예측(사례 연구)

## 웹 페이지의 카테고리 분석

이 데이터 분석 문제는 웹사이트의 웹 페이지 인기도를 페이지의 방문 횟수를 기반으로 상, 중, 하 인기도 카테고리로 확인하기 위해 디자인되었다. 데이터 분석 라이프 사이클의 데이터 요구사항 단계를 디자인하는 동안에 이러한 형식의 데이터를 구글 애널리틱스로부터 어떻게 수집하는지 살펴볼 것이다.

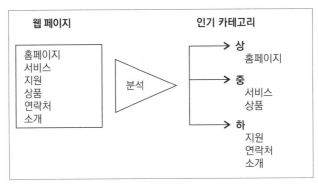

▲ 웹 페이지 카테고리를 분류하는 맵리듀스 잡

## 문제 확인

이 예제에서 다루는 웹 분석 문제의 목표는 웹사이트를 위해 디자인된 웹 페이지의 중요도를 확인하는 것이다. 이 정보를 기반으로 인기 없는 페이지의 내용, 디자인, 방문을 개선하거나 증가시킬 수 있다.

## 데이터 요구사항 디자인

이 절에서는 이러한 데이터 분석 문제를 위한 데이터 수집뿐만 아니라 데이터 요구사항도 다룰 것이다. 먼저 이 문제를 위한 데이터 요구사항을 어떻게 획득할 수 있는지 살펴보자.

지금 다루고 있는 문제는 웹 분석 문제이기 때문에 구글 애널리틱스Google Analytics 데이터를 사용할 것이다. 구글 애널리틱스로부터 데이터를 가져오기 위해서는 실재의 웹 트래픽 데이터가 저장되어 있는 구글 애널리틱스 계정이 필요하다. 인기도를 계산하기 위해 모든 웹 페이지에 대한 방문 정보가 필요할 것이다. 또한, 구글 애널리틱스에는 관점과 지표별로 사용 가능한 다양한 속성들이 존재한다.

### 구글 애널리틱스 데이터 속성의 이해

구글 애널리틱스에서 추출한 데이터셋의 헤더 형식은 다음과 같다.

```
date, source, pageTitle, pagePath
```

- date: 웹 페이지 방문 날짜

- source: 웹 페이지에 대한 유입 정보

- pageTitle: 웹 페이지의 제목

- pagePath: 웹 페이지의 URL

### 데이터 수집

구글 애널리틱스에서 데이터를 추출하기 위해서는 R에서 구글 애널리틱스 데이터셋을 뽑아내는 R 라이브러리인 RGoogleAnalytics를 사용해야 한다. 데이터를 추출하기 위해서 R에 이 플러그인을 설치하고 나면 해당 함수를 사용할 수 있을 것이다.

아래 코드는 구글 애널리틱스로부터 데이터를 추출하는 과정을 보여준다.[1]

```
# RGoogleAnalytics 패키지 로드
require("RGoogleAnalytics")

# 1단계: 계정을 인증하고 액세스 토큰을 붙인다.
query <- QueryBuilder()
access_token <- query$authorize()

# 2단계: 새로운 구글 애널리틱스 API 객체를 생성한다.
ga <- RGoogleAnalytics()

# 구글 애널리틱스에서 프로필을 얻음
ga.profiles <- ga$GetProfileData(access_token)

# GA 프로필을 나열
ga.profiles

# 3단계: 입력 매개변수 설정
profile <- ga.profiles$id[3]
startdate <- "2010-01-08"
enddate <- "2013-08-23"
dimension <- "ga:date, ga:source, ga:pageTitle, ga:pagePath"
metric <- "ga:visits"
sort <- "ga:visits"
maxresults <- 100099

# 4단계: 쿼리문을 빌드, 인덱스 값을 설정해 프로필을 사용함
query$Init(start.date = startdate,
    end.date = enddate,
    dimensions = dimension,
    metrics = metric,
    max.results = maxresults,
    table.id = paste("ga:", profile, sep="", collapse=","),
```

---

1 RGoogleAnalytics 패키지를 사용하는 가장 최신 버전의 코드 샘플은 https://github.com/Tatvic/RGoogleAnalytics/blob/master/demo/data_extraction_demo.R을 참고한다. – 옮긴이

```
        access_t oken=access_t oken)
```

```
# 5단계: API로 데이터를 얻어오기 위해 요청 수행
ga.data <- ga$GetReportData(query)
```

```
# 반환된 데이터 살펴보기
head(ga.data)
write.csv(ga.data, "webpages.csv", row.names=FALSE)
```

앞에서 얻은 결과 파일은 이 장의 샘플 코드를 다운로드하면 사용할 수 있을 것이다.

## 데이터 전처리

이제, 구글 애널리틱스의 원시 데이터를 CSV 파일로 사용 가능하게 되었다. 이 원시 데이터는 맵리듀스 알고리즘에 제공되기 전에 전처리가 필요하다.

데이터셋에 수행해야 하는 두 가지 주요 변경은 다음과 같다.

- 질의 매개변수에서 pagePath 열을 제거해야 한다.

  ```
  pagePath <- as.cahracter(data$pagePath)
  pagePath <- strsplit(pagePath, "\\?")
  pagePath <- do.call("rbind", pagePath)
  pagePath <- pagePath[, 1]
  ```

- 새로운 CSV 파일을 생성한다.

  ```
  data <- data.frame(source=data$source, pagePath=pagePath, visits =
  data$visits)
  write.csv(data, "webpages_mapreduce.csv", row.name=FALSE)
  ```

## 데이터 분석 수행

웹사이트 페이지를 카테고리로 나누기 위해, 첫 번째 잡의 결과를 다음 잡의 입력으로 할당하는 방식으로 다수의 맵퍼와 리듀서를 연결할 수 있다. 맵리듀스 실행 순서는 다음 그림에서 보여준다.

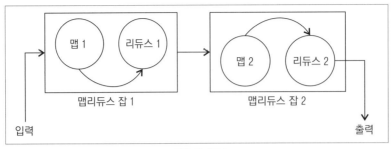

▲ 연쇄 맵리듀스

이제 분석을 수행하기 위한 프로그래밍 작업을 시작해보자.

1. 하둡 변수를 설정해 초기화하고 rmr2와 rhdfs 패키지를 로드한다.

```
# RHadoop에서 필요한 하둡 변수를 설정
Sys.setenv(HADOOP_HOME="/usr/local/hadoop/")
Sys.setenv(HADOOP_CMD="/usr/local/hadoop/bin/hadoop")

# RHadoop 라이브러리 rmr2와 rhdfs를 로딩
library(rmr2)
library(rhdfs)

# hdfs 초기화
hdfs.init()
```

2. HDFS에 데이터셋을 업로드한다.

```
# 먼저 R 콘솔에 데이터를 업로드하고
webpages <- read.csv("/home/vigs/Downloads/webpages_mapreduce.csv")

# R 파일 객체를 HDFS에 저장한다.
webpages.hdfs <- to.dfs(webpages)
```

이제 분석을 위한 하둡 맵리듀스 잡 1의 개발에 대해서 살펴볼 것이다. 이 잡을 맵퍼와 리듀서로 분리할 것이다. 두 개의 맵리듀스 잡이 있기 때문에 두 개의 맵퍼와 리듀서가 각각 존재한다. 또한 맵퍼와 리듀서 모두로 이루어진 두 잡에 대해서 오직 한 개의 파일만 만들 필요가 있다는 점에 주의하라. 맵퍼와 리듀서는 별도의 함수를 정의해 완성될 것이다.

맵리듀스 잡 1을 살펴보자.

- **맵퍼 1:**

```r
mapper1 <- function(k,v) {
    # pagePath 열 데이터를 key 객체로 저장
    key <- v[2]

    # visits 열 데이터를 val 객체로 저장
    val <- v[3]

    # key와 val를 각 행으로 내보낸다.
    keyval ( key, val )
}
totalvisits <- sum(webpages$visits)
```

- **리듀서 1:**

```r
reducer1 <- function(k, v) {
    # 특정 URL에 대한 방문 비율을 계산
    per <- (sum(v) / totalvisits) * 100

    # URL의 카테고리를 확인
    if (per <33 ) {
        val <- "low"
    }
    if (per > 33 && per < 67) {
        val <- "medium"
    }
    if (per > 67) {
        val <- "high"
    }
    # key와 val을 내보낸다.
    keyval ( k, val )
}
```

- **맵리듀스 잡 1의 출력:** 정보를 위한 중간 결과는 다음 그림과 같다.

```
$key
                                                    pagePath
1                                                          /
2                                              /abranch.php
3                                              /admission/
4                                              /admissioN/
5             /admission/diplomaadmissionpossibilities1.php
6                                          /advertisewithus
7                                  /bindingcollegedetails.php
8                                  /bindingmpharmcollege.php
9                     /engineering-admission-possibilities
10                             /gtuadmissionhelpline-team
11                            /gujarat-degree-engineering-college
12                   /MBA-MCA/aes-institute-of-computer-studies
13  /medicalcollege/s-s-agarwal-college-of-nursing-navsari
14                                          /meritcalc.php
15                                       /merit-calculator
16                                /new_mba_college_list.php
17                                        /newnecollege.php
18                                    /newmpharmcollege.php
19                                            /ourteam.php
20                                                 /search
21                                            /search2.php
22                                            /search3.php
23                                             /search.php

$val
 [1] "high" "low"  "low"  "low"  "low"  "low"  "low"  "low"  "low"  "low"  "low"  "low"  "low"  "low"  "low"  "low"
[17] "low"  "low"  "low"  "low"  "low"  "low"  "low"
```

위 그림의 결과는 맵리듀스 잡 1의 출력에 관한 정보만을 보여준다. 이 정보는 결과를 제공하기 위한 전체 데이터셋으로부터 적용된 오직 100개의 데이터 행에 대한 중간 결과로 간주할 수 있다. 이 결과에서는 23개의 유일한 URL이 있기 때문에 결과는 23개의 URL을 제공한다.

하둡 맵리듀스 잡 2를 살펴보자.

● 맵퍼 2

```
# 맵퍼 :
mapper2 <- function(k, v) {
    # key와 val을 뒤바꾸고 그것을 내보낸다.
    keyval(v, k)
}
```

● 리듀서 2

```
key <- NA
val <- NULL
# 리듀서 :
```

```
reducer2 <- function(k, v) {
    # key-val이 이미 할당되었는지 아닌지 체크
    if(is.na(key)) {
        key <- k
        val <- v
    } else {
        if(key==k) {
            val <- c(val,v)
        } else {
            key <- k
            val <- v
        }
    }
    # key와 val의 리스트를 내보낸다.
    keyval(key, list(val))
}
```

 맵리듀스 잡을 실행하기 전에 모든 하둡 데몬을 실행하고 hdfs.init() 메소드를 통해 HDFS 연결을 체크하라. 하둡 데몬이 시작되지 않았다면 $HADOOP_HOME/bin/start-all.sh 명령으로 실행시킬 수 있다.

일단 맵퍼와 리듀서의 로직이 준비되면, rmr2 패키지의 mapreduce 메소드로 맵리듀스 잡을 실행할 수 있다. 여기에서는 다수의 맵리듀스 잡을 개발했으므로 mapreduce 함수 내부에서 적절한 매개변수로 mapreduce 함수를 호출해야 한다.

연쇄 맵리듀스 잡을 호출하는 명령은 다음 그림과 같다.

```
# executing Hadoop MapReduce
output <- mapreduce(input=mapreduce(input=webpages.values,
                                    map = mapper1,
                                    reduce = reducer1),
                    map = mapper2,
                    reduce = reducer2,
                    combine = TRUE)
```

다음은 HDFS에서 생성된 결과를 가져오는 명령이다.

**from.dfs(output)**

하둡 맵리듀스가 실행되는 동안 모니터링 목적의 실행 로그 결과가 터미널상에 출력될 것이다. 이 로그를 맵리듀스 잡 1과 맵리듀스 잡 2로 별도로 나누어 이해해보자.

다음은 맵리듀스 잡 1의 상세 내용이다.

- **맵리듀스 잡의 메타데이터 추적**: 로그의 시작 부분에서 하둡 맵리듀스 잡의 메타데이터를 확인할 수 있다. 또한 `Tracking URL`을 이용하면 웹 브라우저에서 잡의 상태를 추적할 수도 있다.

```
packageJobJar: [/tmp/Rtmpn7tKAv/rmr-local-enve056d43a14e, /tmp/Rtmpn7tKAv/rmr-global-enve05d2d95c,
/tmp/Rtmpn7tKAv/rmr-streaming-mape055f73cd8c, /tmp/Rtmpn7tKAv/rmr-streaming-reducee0529eb924e, /app/hadoop/tmp/hadoop-
unjar6101512165582043075/] [] /tmp/streamjob5358198509362391792.jar tmpDir=null
13/10/24 13:45:21 INFO mapred.FileInputFormat: Total input paths to process : 1
13/10/24 13:45:22 INFO streaming.StreamJob: getLocalDirs(): [/app/hadoop/tmp/mapred/local]
13/10/24 13:45:22 INFO streaming.StreamJob: Running job: job_201310241342_0001
13/10/24 13:45:22 INFO streaming.StreamJob: To kill this job, run:
13/10/24 13:45:22 INFO streaming.StreamJob: /usr/local/hadoop/libexec/../bin/hadoop job  -
Dmapred.job.tracker=localhost:54311 -kill job_201310241342_0001
13/10/24 13:45:22 INFO streaming.StreamJob: Tracking URL: http://localhost:50030/jobdetails.jsp?
jobid=job_201310241342_0001
```

- **맵퍼와 리듀서 태스크의 상태 추적**: 이 부분의 로그에서, 하둡 클러스터상에서 동작하고 있는 맵퍼와 리듀서의 작업 상태를 모니터링해 성공 또는 실패 여부 같은 상세 정보를 얻을 수 있다.

```
13/10/24 13:45:23 INFO streaming.StreamJob:  map 0%   reduce 0%
13/10/24 13:46:02 INFO streaming.StreamJob:  map 50%  reduce 0%
13/10/24 13:46:11 INFO streaming.StreamJob:  map 100% reduce 0%
13/10/24 13:46:20 INFO streaming.StreamJob:  map 100% reduce 17%
13/10/24 13:46:23 INFO streaming.StreamJob:  map 100% reduce 100%
13/10/24 13:46:35 INFO streaming.StreamJob: Job complete: job_201310241342_0001
```

- **HDFS 결과 위치 추적**: 맵리듀스 잡이 완료되면 결과 위치가 로그의 하단에 표시된다.

```
13/10/24 13:46:35 INFO streaming.StreamJob: Output: /tmp/Rtmpn7tKAv/filee05467211b
```

이번에는 맵리듀스 잡 2에 대해 알아보자.

- **맵리듀스 잡의 메타데이터 추적**: 로그의 시작 부분에서 하둡 맵리듀스 잡의 메타데이터를 확인할 수 있다. 또한 `Tracking URL`을 이용하면 웹 브라우저에서 잡의 상태를 추적할 수도 있다.

```
packageJobJar: [/tmp/Rtmpn7tKAv/rmr-local-enve055fb43a38, /tmp/Rtmpn7tKAv/rmr-global-enve0549c1f8a5,
/tmp/Rtmpn7tKAv/rmr-streaming-mape052bf9ab69, /tmp/Rtmpn7tKAv/rmr-streaming-reducee0552cf3c79, /tmp/Rtmpn7tKAv/rmr-
streaming-combinee0534783636, /app/hadoop/tmp/hadoop-unjar2866287784631685861/] []
/tmp/streamjob8204691495163848860.jar tmpDir=null
13/10/24 13:46:38 INFO mapred.FileInputFormat: Total input paths to process : 1
13/10/24 13:46:38 INFO streaming.StreamJob: getLocalDirs(): [/app/hadoop/tmp/mapred/local]
13/10/24 13:46:38 INFO streaming.StreamJob: Running job: job_201310241342_0002
13/10/24 13:46:38 INFO streaming.StreamJob: To kill this job, run:
13/10/24 13:46:38 INFO streaming.StreamJob: /usr/local/hadoop/libexec/../bin/hadoop job  -
Dmapred.job.tracker=localhost:54311 -kill job_201310241342_0002
13/10/24 13:46:38 INFO streaming.StreamJob: Tracking URL: http://localhost:50030/jobdetails.jsp?
jobid=job_201310241342_0002
```

- **맵퍼와 리듀서 태스크의 상태 추적**: 이 부분의 로그에서, 하둡 클러스터상에서 동작하고 있는 맵퍼와 리듀서의 작업 상태를 모니터링해 성공 또는 실패 여부 같은 상세 정보를 얻을 수 있다.

```
13/10/24 13:46:39 INFO streaming.StreamJob:  map 0%   reduce 0%
13/10/24 13:46:56 INFO streaming.StreamJob:  map 4%   reduce 0%
13/10/24 13:46:59 INFO streaming.StreamJob:  map 9%   reduce 0%
13/10/24 13:47:08 INFO streaming.StreamJob:  map 55%  reduce 0%
13/10/24 13:47:15 INFO streaming.StreamJob:  map 100% reduce 0%
13/10/24 13:47:30 INFO streaming.StreamJob:  map 100% reduce 33%
13/10/24 13:47:36 INFO streaming.StreamJob:  map 100% reduce 100%
13/10/24 13:47:42 INFO streaming.StreamJob: Job complete: job_201310241342_0002
```

- **HDFS 결과 위치 추적**: 맵리듀스 잡이 완료되면 결과 위치가 로그의 하단에 표시된다.

```
13/10/24 13:47:42 INFO streaming.StreamJob: Output: /tmp/Rtmpn7tKAv/filee05767f2
```

연쇄 맵리듀스 잡의 결과는 HDFS에 저장되며 다음 명령으로 가져올 수 있다.

**`from.dfs(output)`**

앞 명령의 수행 결과는 다음 그림에서 볼 수 있다(이 결과는 전체 데이터셋 중 오직 1000 행에 대한 결과다).

```
$key
[1] "low"  "high"

$val
$val[[1]]
$val[[1]][[1]]
                                            pagePath
1    /medicalcollege/s-s-agarwal-college-of-nursing-navsari
2                                       /meritcalc.php
3                                      /merit-calculator
4                                /new_mba_college_list.php
5                                       /newmecollege.php
6                                     /newmpharmcollege.php
7                                          /ourteam.php
8                                             /search
9                                          /search2.php
10                                         /search3.php
11                                          /search.php

$val[[1]][[2]]
                                            pagePath
1                                        /abranch.php
2                                          /admission/
3                                          /admissioN/
4     /admission/diplomaadmissionpossibilities1.php
5                                        /advertisewithus
6                                /bindingcollegedetails.php
7                                 /bindingmpharmcollege.php
8                         /engineering-admission-possibilities
9                                   /gtuadmissionhelpline-team
10                          /gujarat-degree-engineering-college
11             /MBA-MCA/aes-institute-of-computer-studies


$val[[2]]
$val[[2]][[1]]
      pagePath
12        /
--        ,
```

## 데이터 시각화

지금까지 웹 페이지 카테고리화 결과를 세 개의 카테고리를 사용해 수집했다. 이 데이터로 할 수 있는 가장 좋은 작업은 단순히 URL을 나열하는 것이다. 하지만 유입경로 같은 추가 정보가 있다면 방향성 에지를 가지며 사용자가 링크를 따라갈 때의 인기도를 색깔로 나타낸 그래프의 노드로 웹 페이지를 표현할 수 있다. 이것은 더욱 유용한 정보를 주는 직관을 이끌어낼 수 있다.

## 주식 시장 변화의 빈도 계산

이번 데이터 분석 맵리듀스 문제는 주식 시장 변화의 빈도를 계산하기 위해 디자인되었다.

### 문제 확인

이 문제는 전형적인 주식 시장 데이터 분석 문제이기 때문에 퓨리에 변환 같은 방식으로 주식 시장에서 특정 종목의 과거 변화 빈도를 계산할 것이다. 이 정보에 기반해 투자자는 서로 다른 기간 동안의 변화에 대한 좀 더 나은 직관을 얻을 수 있다. 이 분석의 목표는 백분율 변화의 빈도를 계산하는 것이다.

**종목 심벌 BP에 대한 야후 금융 데이터**

| 날짜 | 시가 | 최고가 | 최저가 | 종가 | 거래량 | 수정 종가 |
|------|------|--------|--------|------|--------|-----------|
| 2013-08-23 | 41.16 | 41.54 | 41.11 | 41.51 | 4117400 | 41.51 |
| 2013-08-22 | 40.82 | 40.99 | 40.75 | 40.91 | 2808300 | 40.91 |
| 2013-08-21 | 40.84 | 40.89 | 40.51 | 40.53 | 4296800 | 40.53 |
| 2013-08-20 | 41.02 | 40.90 | 40.90 | 4354200 | 40.90 | |
| 2013-08-19 | 41.29 | 41.35 | 41.05 | 41.10 | 3633800 | 41.10 |

| 변화 | 빈도 |
|------|------|
| -0.1 | 20 |
| 0.3 | 2 |
| 0.8 | 1 |
| 1.0 | 22 |
| 1.9 | 12 |

▲ 야후 금융 데이터에 대한 변화 빈도 계산

### 데이터 요구사항 디자인

주식 시장 분석을 위해 입력 데이터셋으로 야후! 금융의 데이터를 사용할 것이다. 특정 종목의 주식 정보를 얻어오기 위해 다음 매개변수로 야후! API를 사용할 것이다.

* 시작 월

* 시작 일

* 시작 연도

* 마지막 월

- 마지막 일

- 마지막 연도

- 심볼

 이 API에 대한 추가적인 정보는 http://developer.yahoo.com/finance/에서 얻을 수 있다.[2]

## 데이터 전처리

추출된 데이터셋으로 분석을 수행하기 위해, R을 사용해 다음 명령을 실행한다.

```
stock_BP <- read.csv("http://ichart.finance.yahoo.com/table.csv?s=BP")
```

또는 터미널에서 다운로드할 수 있다.

```
wget http://ichart.finance.yahoo.com/table.csv?s=BP
```

```
# csv 파일 익스포트
write.csv(stock_BP, "table.csv", row.names=FALSE)
```

그러고 나서 해당 파일을 위한 하둡 디렉토리를 생성해 HDFS에 업로드한다.

```
# hdfs에 /stock 디렉토리 생성
bin/hadoop dfs -mkdir /stock
```

```
# /stock 디렉토리에 table.csv 업로드
bin/hadoop dfs -put /home/Vignesh/downloads/table.csv /stock/
```

## 데이터 분석 수행

데이터 분석 작업을 수행하기 위해 R과 하둡으로 스트리밍을 사용할 것이다 (HadoopStreaming 패키지는 사용하지 않음). 그러므로 이 맵리듀스 잡의 개발은 RHadoop 패키지 없이 수행된다.

---

2 해당 URL에서는 더 이상 API 정보를 제공하지 않는다. 이와 유사한 주식 시장 정보가 필요하다면 https://developer.yahoo.com/yql/에서 쿼리 형태로 데이터를 얻을 수 있을 것이다. - 옮긴이

이 맵리듀스 잡에서는 맵과 리듀스를 각기 다른 R 파일에 정의해 하둡 스트리밍 기능에 제공할 것이다.

- **맵퍼**: stock_mapper.R

```
#! /usr/bin/env Rscript

# 경고 비활성화
options(warn = -1)

# 스트리밍으로부터 데이터를 입력 받기
input <- file("stdin", "r")

# 문서의 각 라인을 마지막까지 읽어들인다.
while(length(currentLine <- readLines(input, n=1, warn=FALSE)) > 0) {
    # "," 구분자로 라인을 분리
    fields <- unlist(strsplit(currentLine, ","))

    # 시가 열의 값을 얻는다.
    open <- as.double(fields[2])

    # 종가 열의 값을 얻는다.
    close <- as.double(fields[5])

    # 종가와 시가 속성의 차이를 계산한다.
    change <- (close - open)

    # 키를 변동으로 값을 1로 내보낸다.
    write(paste(change, 1, sep = "\t"), stdout())
}
close(input)
```

- **리듀서**: stock_reducer.R

```
#! /usr/bin/env Rscript
stock.key <- NA
stock.val <- 0.0

conn <- file("stdin", open="r")
```

```
    while (length(next.line <- readLines(conn, n=1)) > 0) {
        split.line <- strsplit(next.line, "\t")
        key <- split.line[[1]][1]
        val <- as.numeric(split.line[[1]][2])
        if (is.na(current.key)) {
            current.key <- key
            current.val <- val
        } else {
            if (current.key == key) {
                current.val <- current.val + val
            } else {
                write(paste(current.key, current.val, sep="\t"), stdout())
                current.key <- key
                current.val <- val
            }
        }
    }
    write(paste(current.key, current.val, sep="\t"), stdout())
    close(conn)
```

어떤 R 라이브러리나 패키지도 사용 또는 설치하지 않고 다음 코드로 R에서 맵리
듀스를 실행한다. R에는 R 콘솔에서 시스템 명령을 실행해주는 system() 메소드
가 있어서 R 내부에서 하둡 잡을 직접 실행하는데 도움을 준다. 또한 system() 메
소드는 명령의 결과를 R 콘솔로 제공한다.

```
# 하둡 디렉토리로 위치 변경
system("cd $HADOOP_HOME")

# HDFS의 루크 디렉토리의 모든 파일 목록 리스팅
system("bin/hadoop dfs -ls /")

# 스트리밍 매개변수로 하둡 맵리듀스를 실행
system(paste("bin/hadoop jar /usr/local/hadoop/contrib/streaming/hadoop-
streaming-1.0.3.jar ",
" -input /stock/table.csv",
" -output /stock/outputs",
" -file /usr/local/hadoop/stock/stock_mapper.R",
" -mapper /usr/local/hadoop/stock/stock_mapper.R",
```

```
"  -file /usr/local/hadoop/stock/stock_reducer.R",
"  -reducer /usr/local/hadoop/stock/stock_reducer.R"))

# 리스트 명령의 결과를 저장
dir <- system("bin/hadoop dfs -ls /stock/outputs", intern=TRUE)
dir

# part-00000(결과 파일)으로부터 결과를 저장
out <- system("bin/hadoop dfs -cat /stock/outputs/part-00000",
intern=TRUE)

# 하둡 맵리듀스 결과 데이터를 출력
out
```

동일한 프로그램을 터미널을 통해 실행할 수도 있다.

```
bin/hadoop jar /usr/local/hadoop/contrib/streaming/hadoop-streaming-
1.0.3.jar \
-input /stock/table.csv \
-output /stock/outputs \
-file /usr/local/hadoop/stock/stock_mapper.R \
-mapper /usr/local/hadoop/stock/stock_mapper.R \
-file /usr/local/hadoop/stock/stock_reducer.R \
-reducer /usr/local/hadoop/stock/stock_reducer.R
```

이 프로그램을 실행하는 동안 R 콘솔이나 터미널에서 나오는 결과는 다음 그림과 같다. 이 출력 결과의 도움으로 하둡 맵리듀스 잡의 상태를 관찰할 수 있다. 이제부터 출력 결과를 파트별로 나누어서 차례로 살펴보도록 하자. 이해하기 편하도록 로그 결과를 여러 부분으로 나누었다는 점에 주의하라.

터미널에서 수행했을 때 맵리듀스 로그 결과는 다음을 포함한다.

● 로그의 시작 부분에서 하둡 맵리듀스 잡의 메타데이터를 확인할 수 있다. 주어진 Tracking URL에 접속하면 웹 브라우저로 잡의 상태를 추적할 수도 있다. 이런 방법으로 맵리듀스 잡의 메타데이터를 추적한다.

```
packageJobJar: [/usr/local/hadoop/cma/stock_mapper.R, /usr/local/hadoop/cma/stock_reducer.R,
/app/hadoop/tmp/hadoop-unjar6788909629320597592/] [] /tmp/streamjob5343401846101499553.jar tmpDir=null
13/08/25 09:40:21 INFO util.NativeCodeLoader: Loaded the native-hadoop library
13/08/25 09:40:21 WARN snappy.LoadSnappy: Snappy native library not loaded
13/08/25 09:40:21 INFO mapred.FileInputFormat: Total input paths to process : 1
13/08/25 09:40:22 INFO streaming.StreamJob: getLocalDirs(): [/app/hadoop/tmp/mapred/local]
13/08/25 09:40:22 INFO streaming.StreamJob: Running job: job_201308250742_0009
13/08/25 09:40:22 INFO streaming.StreamJob: To kill this job, run:
13/08/25 09:40:22 INFO streaming.StreamJob: /usr/local/hadoop/libexec/../bin/hadoop job  -Dmapred.job.tracker=localhost:54311
 -kill job_201308250742_0009
13/08/25 09:40:22 INFO streaming.StreamJob: Tracking URL: http://localhost:50030/jobdetails.jsp?jobid=job_201308250742_0009
```

- 아래 부분의 로그에서는 하둡 클러스터에서 실행되는 맵퍼와 리듀서 태스크의
  상태를 관찰해 성공이나 실패 여부와 같은 상세 내용을 얻을 수 있다. 이런 방
  법으로 맵퍼와 리듀서 태스크의 상태를 추적한다.

```
13/08/0:23 INFO streaming.StreamJob:
map 0%  reduce 0%

13/08/25 09:41:39 INFO streaming.StreamJob:
map 29%  reduce 0%

13/08/25 09:41:43 INFO streaming.StreamJob:
map 59%  reduce 0%

13/08/25 09:41:58 INFO streaming.StreamJob:
map 79%  reduce 0%

13/08/25 09:42:01 INFO streaming.StreamJob:
map 100%  reduce 0%

13/08/25 09:42:44 INFO streaming.StreamJob:
map 100%  reduce 100%

13/08/25 09:43:02 INFO streaming.StreamJob:
Job complete: job_201308250742_0009
```

- 일단 맵리듀스 잡이 완료되면 그 결과의 위치가 로그 아래쪽에 표시된다. 이
  방법으로 HDFS 결과 위치를 추적할 수 있다.

```
13/08/25 09:43:02 INFO streaming.StreamJob:
Output: /stock/outputs
```

- 터미널에서 다음 명령을 실행하면 하둡 맵리듀스 프로그램의 결과를 살펴볼 수 있다.

```
bin/hadoop dfs -cat /stock/outputs/part-00000
```

- 맵리듀스 프로그램의 결과 헤더는 다음과 같을 것이다.

```
change   freaquency
```

- 다음 그림은 맵리듀스 문제의 출력 샘플을 보여준다.

```
-0.0099999999999091      2
-0.0099999999999801      13
-0.0100000000000051      7
-0.019999999999996       11
-0.0200000000000031      19
-0.029999999999994       2
-0.0300000000000011      23
-0.039999999999992       2
-0.0399999999999991      15
-0.040000000000063       6
-0.049999999999972       27
-0.0500000000000043      8
-0.0599999999999952      9
-0.0600000000000023      34
-0.0699999999999932      5
-0.0700000000000003      21
-0.0700000000000074      2
-0.0799999999999983      20
-0.0800000000000054      5
 4.12      2
 4.19      1
 4.25      1
 4.37      1
 4.5       1
 4.88      1
 5         1
 5.19      1
 5.38      1
 7.69      1
```

데이터 시각화

R에서 다양한 그래프를 이용해 결과물을 시각화하면 더 많은 통찰을 얻을 수 있다. 여기서는 ggplot2 패키지를 이용해 결과를 시각화했다.

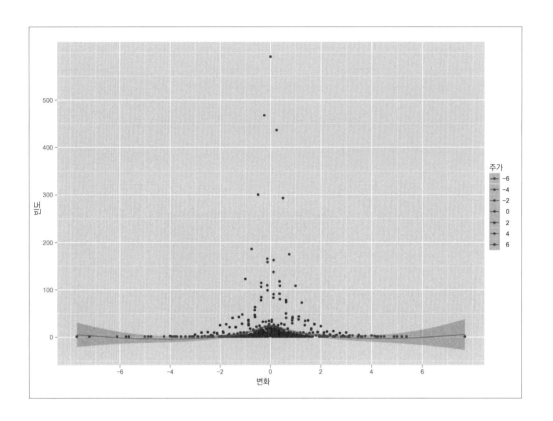

위 그래프에서 주가는 대부분 0에서 1.5 근처에서 변화한다는 것을 간단히 확인할 수 있고, 여기서 살펴본 주식 가격의 움직임은 투자 시점에 도움이 될 것이다.

이 그래프를 생성하는 코드는 다음과 같다.

```
# ggplot2 라이브러리를 로드
library(ggplot2);

# 위에서 다룬 터미널의 출력을 stock_output.txt 파일에 저장했다.
# 해당 파일을 R 워크스페이스에 로드
myStockData <- read.delim("stock_output.txt", header=F, sep="", dec=".");

# 데이터를 ggplot2 geom_smooth 함수로 그린다.
ggplot(myStockData, aes(x=V1, y=V2)) + geom_smooth() + geom_point();
```

다음 절에서는 캐글Kaggle 데이터 분석 시합을 위해 R과 하둡으로 빅데이터 분석을 어떻게 수행했는지 사례를 소개하도록 한다.

## 불도저 통계 정보 연감을 위한 판매 가격 예측

이번에 소개할 사례 연구는 불도저의 통계 정보 연감blue book을 만들기 위해 중장비의 경매 가격을 예측하는 것이다.

### 문제 확인

이 예제에서는 거대한 데이터셋을 어떻게 재표본화resample하고, R과 하둡을 이용해 랜덤포레스트 모델에 적용하는지에 대해 클라우데라 데이터 과학자들이 수행했던 사례 연구를 포함한다. 여기서는 빅데이터 문제 정의의 유형을 이해하기 위해 캐글의 불도저 블루북 분석 시합을 고려한다. 이 시합의 목적은 중고 거래 시장에서의 특정 중장비 판매 가격을 사용처, 장비 유형, 구성 등에 기반해 예측하는 것이다. 이 책에서 소개하는 해답은 클라우데라의 데이터 과학자 유리 라세르손이 제공했다. 제공된 데이터는 경매 결과, 사용처 장비 구성에 관한 정보를 포함한다.

빅데이터셋을 모델링하고 더 작은 데이터셋으로 나누는 것은 일종의 트릭이다. 그러한 데이터셋에 모델을 적합Fitting시키는 것은 랜덤 포레스트나 배깅bagging 같은 전통적인 기계학습 기법이다. 랜덤 포레스트를 사용하는 두 가지 이유는 다음과 같다.

- 큰 데이터셋은 보통 클러스터에 존재하므로 몇몇 작업들은 적당한 수준의 병렬성을 가질 것이다. 분리된 모델은 최초 데이터의 다른 부분 집합을 가지고 있는 분리된 노드상에서 적합한다.

- 단일 모델을 적합시키기 위해 최초 데이터셋 전체를 사용할 수 있다고 하더라도 데이터의 부분 집합을 사용해 더 작은 다수의 모델을 적합하는 앙상블 방식은 일반적으로 단일 모델보다 더 나은 성능을 보인다. 실제로 100M개의 데이터 포인트를 가진 단일 모델을 적합하는 것보다는 각각 10M개의 데이터 포인

트를 가진 몇 개의 적합을 수행하는 것이 더 나은 성능을 보인다(즉, 전체 데이터를 크게 나누었을 때보다 작게 나누었을 때 더 좋은 성능을 보인다).

복원 추출sampling with replacement은 모델의 적합 시 표본의 집합을 생성하기 위해 초기 데이터셋으로부터 샘플을 추출하는 가장 인기 있는 방법이다. 이 방법은 다항분포로부터 표본을 추출하는 방법과 동일하다. 이때 어떤 개별 입력 데이터 포인트를 선택할 확률은 전체 데이터셋에서 균일uniform하다.

 캐글은 데이터 중심의 회사에서 제공하는 빅데이터 분석 문제를 해결하기 위해 전세계의 데이터 과학자들이 경쟁하는 빅데이터 플랫폼이다.

## 데이터 요구사항 디자인

이 시합을 위해 캐글은 대략 400,000개의 트레이닝 데이터로 이루어진 실제 데이터셋을 제공했다. 각 데이터 포인트는 다양한 판매 속성, 불도저의 구성, 판매 가격 등을 나타낸다. 여기에서는 랜덤 포레스트 회귀 모델을 구현해 판매 가격을 예측할 것이다.

 이 캐글 시합의 참조 링크는 http://www.kaggle.com/c/bluebook-for-bulldozers이며 데이터, 정보, 포럼, 순위표를 확인할 수 있다. 또한 다른 빅데이터 분석 시합과 참가자들을 살펴보면서 자신의 데이터 분석 역량을 평가할 수 있다.

이 모델을 선택한 이유는 큰 데이터셋의 임의의 집합으로부터 판매 가격의 수치값을 예측하는데 관심이 있기 때문이다.

다음 데이터 파일들이 데이터셋으로 제공되었다.

| 파일 이름 | 포맷 설명(크기) |
|---|---|
| Train | 2011년 데이터로 구성된 훈련 데이터셋 |
| Valid | 2012년 1월 1일부터 2012년 4월 30일까지의 데이터를 포함하는 검증셋 |
| Data dictionary | 트레이닝 데이터셋의 변수들에 대한 메타데이터 |
| Machine_Appendix | 이 파일은 제조사, 모델, 상품 클래스 상세에 따라 주어진 각 장비의 정확한 제조년 정보를 포함 |
| Test | 테스트 데이터셋 |
| random_forest_benchmark_test | 의뢰자가 제공한 벤치마크 솔루션 |

 빅데이터 분석을 공부하고 실습하기를 원한다면 캐글 데이터 경쟁 시합에 참여해 빅데이터를 얻을 수 있다. 캐글에는 전 세계 다양한 분야의 데이터셋이 마련되어 있다.

## 데이터 전처리

캐글이 제공한 데이터셋으로 분석을 수행하려면 예측 모델을 구축해야 한다. 경매장에서의 판매 가격을 예측하기 위해 제공된 데이터셋에 모델을 적합시킬 것이다. 데이터셋이 한 개 이상의 파일로 제공되므로 파일을 병합을 수행하며, 의미 있는 데이터를 획득하기 위해 데이터 증강을 수행할 것이다. 또한 더 나은 판매 가격 예측을 위해 Train.csv와 Machine_Appendix.csv로부터 모델을 구축할 것이다.

네이터셋에 수행해야 할 데이터 처리 작업은 다음과 같다.

```
# 장비 식별 데이터 속성뿐만 아니라 판매가를 포함하는 Train.csv 데이터셋을 적재
transactions <- read. table( file="~/ Downloads/ Train. csv", header =TRUE,
    sep=",",
    quote="\"",
    row.names = 1,
    fill = TRUE,
    colClasses = c(MachineID="factor",
        ModelID = "factor",
        datasource = "factor",
        YearMade = "character",
```

```
                SalesID = "character",
                auctioneerID = "factor",
                UsageBand = "factor",
                saledate = "custom.date.2",
                Tire_Size = "tire.size",
                Undercarriage_Pad_Width = "undercarriage",
                Stick_Length = "stick.length"),
            na.strings = na.values)
```

```
# 장비 구성 정보를 위한 Machine_Appendix.csv를 적재
machines <- read.table(file = "~/Downloads/Machine_Appendix.csv",
    header = TRUE,
    sep = ",",
    quote = "\"",
    fill = TRUE,
    colClasses = c(MachineID = "character",
        ModelID = "factor",
        fiManufacturerID = "factor"),
        na.strings = na.values)
```

```
# 값을 수치형으로 업데이트하고 판매일도 수치형으로 업데이트
transactions$saledatenumeric <- as.numeric(transactions$saledate)
transactions$ageAtSale <- as.numeric(transactions$saledate -
as.Date(transactions$YearMade, format="%Y"))
transactions$saleYear <- as.numeric(format(transactions$saledate, "%Y"))
```

```
# 거래 정보로부터 판매 월을 업데이트
transactions$saleMonth <- as.factor(format(transactions$saledate, "%B"))
```

```
# 거래 정보로부터 판매 날짜를 업데이트
transactions$saleDay <- as.factor(format(transactions$saledate, "%d"))
```

```
# 거래 정보로부터 판매 요일을 업데이트
transactions$saleWeekday <- as.factor(format(transactions$saledate, " %A"
) )
```

```
# 거래 정보로부터 판매 연도를 업데이트
transactions$YearMade <- as.integer(transactions$YearMade)
```

```
# 거래 정보로부터 모델 가격을 가져온다.
```

```
transact ions$MedianModelPrice <- unsplit(lapply(split(transactions$SaleP
rice,
  transactions$ModelID), median), transactions$ModelID)

# 거래 정보로부터 모델 카운트를 가져온다.
transactions$ModelCount <- unsplit(lapply(split(transactions$SalePrice,
transactions$ModelID), length), transactions$ModelID)

# 거래 정보와 장비 데이터를 데이터 프레임에 병합한다.
training.data <- merge(x = transactions, y = machines, by = "MachineID")

# 역정규화된 데이터를 쓴다.
write.table(x = training.data,
    file = "~/temp/training.csv", sep = ",",
    quote = TRUE,
    row.names = FALSE,
    eol = "\n",
    col.names = FALSE)

# 하둡 파일시스템에 poisson 디렉토리를 생성
bin/hadoop dfs -mkdir /poisson

# 하둡 파일시스템에 training.csv 파일을 업로드
bin/hadoop dfs -put ~/temp/training.csv /poisson/
```

## 데이터 분석 수행

분석은 표본 데이터셋으로 수행할 것이기 때문에 얼마나 많은 데이터셋이 샘플링
되어야 하는지 이해해야 한다.

랜덤 샘플링을 위해서 다음과 같은 세 개의 모델 매개변수를 고려했다.

- 최초의 훈련 데이터셋은 N개의 데이터 포인트를 가진다. 이 데이터는 매우 크
  며($10^6$~$10^9$) HDFS 클러스터에 분배된다.

- 앙상블 분류기를 위해 M개의 다른 모델의 세트를 훈련시킬 것이다.

- M개의 모델 각각은 K개의 데이터 포인트로 적합될 것이다. 보통 K는 N보다
  매우 작다(예를 들어, K는 N의 1~10퍼센트 정도일 것이다).

우리가 가진 N개의 훈련 데이터셋은 고정되어 있으며 보통은 제어가 불가능하다. 여기서는 포아송Poisson 샘플링을 통해 이 데이터를 다룰 것이므로 랜덤 포레스트 모델에서 사용할 입력 벡터의 전체 개수를 정의해야 한다.

다음과 같은 세 가지 경우를 고려해보자.

- KM < N: 이 경우 사용 가능한 데이터 전체를 사용하지 않을 것이다.
- KM = N: 이 경우 전적으로 독립적인 표본들을 생성하기 위해 단지 데이터셋을 분할하면 된다.
- KM > N: 이 경우 데이터에서 복원 추출로 재표본화해야 한다.

다음 절에서 기술하고 있는 포아송 샘플링 방법은 동일한 프레임워크에서 이 세 가지 경우를 처리한다. 그러나 KM = N인 경우 데이터를 분할하는 게 아니라 단순히 재표본화한다는 점을 유의하자.

## 포아송 근사 재표본화의 이해

일반화된 선형 모델은 보통의 선형 모델의 확장이며, 포아송 회귀는 일반화된 모델의 일종이다. 종속 변수는 포아송 분포를 따른다.

포아송 샘플링은 입력 데이터 포인트에 대해 발생하기 때문에 맵리듀스 태스크 중 맵에서 수행될 것이다. 이는 모델이 모든 데이터 포인트를 고려하는 것을 보장하지 않으며 전체 데이터셋의 다항 재표본화보다 낫다. 그러나 포아송 샘플링은 N개의 훈련 입력 포인트를 사용해 독립적인 샘플을 생성하는 것을 보장한다.

아래 그래프는 KM/N 함수로 포아송 샘플링을 했을 때 얻어지는 유실 데이터셋의 양을 표시한다.

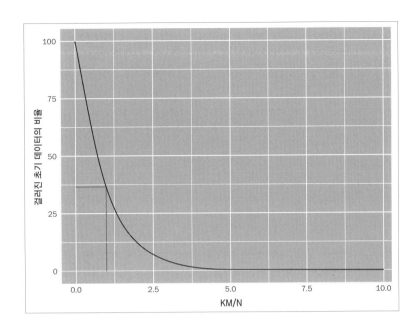

회색 선은 KM=N의 값을 표시한다. 이제, 맵리듀스 알고리즘의 의사 코드를 살펴보자. N, M, K(K는 고정) 세 개의 매개변수를 사용한다. 사전에 N 값의 필요성을 제거하기 위해 T=K/N 매개변수를 사용한다.

- **표본화 매개변수의 예제**: 여기서는 앞에서 소개한 로직을 의사 코드로 구현할 것이다. 먼저 두 개의 모델 입력 매개변수인 `frac.per.model`과 `num.models`를 정의하면서 시작해보자. `frac.per.model`은 전체 데이터셋에서 사용될 비율을 정의하고 `num.models`는 데이터셋으로부터 얼마나 많은 모델을 적합될 것인지를 정의한다.

```
T = 0.1 # 매개변수 1: K/N. 각 모델에서 입력 데이터의 평균 비율. 10%
M = 50 # 매개변수 2: 모델의 개수
```

- **맵퍼의 로직**: 맵퍼는 데이터 랭글링에 의해 전체 데이터셋의 표본을 생성하도록 디자인될 것이다.

```
def map(k, v):
    // 각 입력 데이터 포인트를 순회하며
    for i in 1:M
```

```
// 각 모델에 대해
m = Poisson(T)
// 현재 포인트는 num만큼 이 표본에서 나타나야 한다.
if m > 0
    for j in 1:m
        // 이 샘플에서 num * curr 개의 데이터 포인트가 나타난다.
        emit (i, v)
```

● **리듀서의 로직**:

```
def reduce(k, v):
    v에 있는 샘플로 모델을 피팅하거나 통계량을 계산한다.
```

## RHadoop을 이용한 랜덤 포레스트 학습

기계학습에서 모델을 적합시킨다는 것은 데이터에 가장 잘 들어맞는 직선을 찾는다는 것을 의미한다. 모델을 적합하는 것은 과적합over fitting, 과소적합under fitting, 일반적합normal fitting 등 여러 유형이 있을 수 있다. 과적합과 과소적합의 경우 교차검증cross validation 오차와 훈련 오차가 큰 고편향high bias 효과가 있을 수 있으며, 교차 검증 오차는 크지만 훈련 오차는 작은 고변화량high variance 효과가 있을 수 있다. 그리고 이들은 대게 나쁜 영향을 미친다. 보통은 데이터셋에 모델을 적합시킬 것이다.

아래에서 데이터셋에 모델을 적합시키는 세 가지 유형에 대한 다이어그램을 소개한다.

● **과소적합**: 교차 검증 오차와 훈련 오차가 크다.

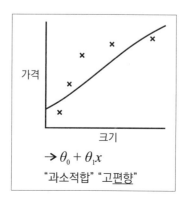

174

● **일반적합**: 교차 검증 오차와 훈련 오차가 보통이다.

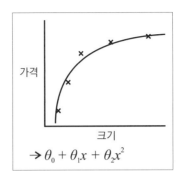

● **과적합**: 교차 검증 오차는 크고 훈련 오차는 작다.

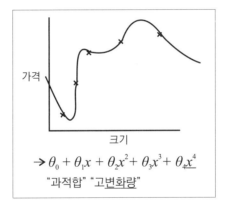

이제 기계학습의 랜덤 포레스트 기법을 이용해 모델을 데이터에 적합시킬 것이다. 이 기법은 크고 작은 문제에 특히 잘 적용되는 재귀 분할 방법의 한 유형이다. 이것은 데이터를 랜덤하게 나눈 부분 집합에서 계산되는 분류기 나무의 앙상블을 수반하며, 각 분류 나무에서 모든 분할을 위해서 임의로 선택된 예측인자를 사용한다.

게다가 단일 분류기 나무의 결과를 사용하는 대신 분류/회귀 나무의 앙상블 결과를 사용해 더 나은 예측인자를 산출한다.

RHadoop으로 포아송 샘플링 전략을 구현하기 위해, 주요 매개변수를 전역 변수로 설정하면서 시작한다.

```
# 평균적으로 각 표본에 대해 입력 데이터의 10%씩 처리
frac.per.model <- 0.1
num.models <- 50
```

RHadoop으로는 해당 명세의 맵퍼를 어떻게 구현하는지 의사 코드로 살펴보자.

- 맵퍼는 다음과 같은 방식으로 구현된다.

```
# 맵 함수
poisson.subsample <- function(k, input) {
    # 이 함수는 현재 데이터 블럭에서 표본을 생성하기 위해 사용된다.
    generate.sample <- function(i) {
        # N 개의 포아송 변수를 생성
        draws <- rpois(n=nrow(input), lambda=frac.per.model)

        # 포아송 변수로 가중치를 적용해, 해당 행의 인덱스 벡터를 계산
        indices <- rep((1:nrow(input)), draws)

        # 행을 산출; RHadoop은 리듀서를 위해 키를 적당히 복제하는 것과
        # 다른 맵퍼에서 온 데이터 프레임에 rbind 수행하는 것을 책임진다.
        keyval(i, input[indices, ])
    }

    # 여기서 실제 표본 데이터가 생성된다.
    c.keyval(lapply(1:num.models, generate.sample))
}
```

R을 사용하고 있기 때문에 수집된 표본 데이터셋상에서 랜덤포레스트 모델을 적합하는 것은 간단하다.

- 리듀서는 다음과 같은 방법으로 구현된다.

```
# 리듀스 함수
fit.trees <- function(k, v) {
    # rmr은 내보내진 값들로 rbind를 수행하기 때문에 여기서 v는 데이터 프레임이다.
    # stderr로 출력 결과를 내보내기 위해 do.trace=T를 사용한 것에 유의하라.
    # 이는 리듀스 태스크가 타임아웃되는 것을 막는다.
    rf <- randomForest(formula=model.formula,
                       data=v,
                       na.action=na.roughfix,
                       ntree=10,
                       do.trace=FALSE)
```

```
# rf는 리스트이므로 오직 하나의 객체만 내보내는 것을 보장하기 위해서는
# 또 다른 리스트로 감싸주어야 한다. 이는 keyval이 벡터하되기 때문이다.
keyval(k, list(forest=rf))
}
```

● 모델을 적합시키기 위해 다음과 같은 `model.formula`가 필요하다.

**model.formula <- SalePrice ~ datasource + auctioneerID + YearMade + saledatenumeric + ProductSize + ProductGroupDesc.x + Enclosure + Hydraulics + ageAtSale + saleYear + saleMonth + saleDay + saleWeekday + MedianModelPrice + ModelCount + MfgYear**

랜덤 포레스트 모델에서 `salePrice`는 응답 변수로 나머지는 예측 변수로 정의된다.

 R의 랜덤포레스트 모델은 32개 이상의 레벨을 가지는 범주형(factor)을 지원하지 않는다.

● 다음 명령을 이용해서 맵리듀스 잡을 수행할 수 있다.

```
mapreduce(input="/poisson/training.csv",
          input.format=bulldozer.input.format,
          map=poisson.subsample,
          reduce=fit.trees,
          output="/poisson/output")
```

결과 트리는 HDFS의 /poisson/output으로 출력된다.

● 마지막으로, 트리들을 읽어 들여서 병합하면 새로운 테스트 포인트를 분류하는 데 사용할 수 있다.

```
raw.forests <- values(from.dfs("/poisson/output"))
forest <- do.call(combine, raw.forests)
```

50개의 표본은 각각 10개의 트리를 가진 랜덤포레스트를 생성하게 되므로 최종 랜덤포레스트는 하둡 클러스터상에서 분산 방식으로 적합된 500개 트리의 집합이 된다.

전체 소스 코드는 공식 클라우데라 블로그(http://blog.cloudera.com/blog/2013/02/how-to-resample-from-a-large-data-set-in-parallel-with-r-on-hadoop/)에서 확인할 수 있다.

다항 샘플링을 위해 포아송 근사를 사용해, 병렬 방식으로 앙상블 분류기 또는 부트스트랩을 훈련하기 위한 확장 가능한 접근법에 대해서 학습했다.

## 요약

이번 장에서는 R과 하둡이 연동된 환경에서 다양한 데이터 중심의 활동을 통해 빅데이터 분석을 어떻게 수행하는지 알아보았다.

다음 장에서는 기계학습 기법을 수행하기 위해 R과 하둡을 어떻게 함께 사용할 수 있는지 좀 더 자세히 살펴본다.

# 6

# 기계학습을 이용한 빅데이터 분석

이번 장에서는 R과 하둡으로 빅데이터 분석을 수행하기 위해 사용할 수 있는 여러 가지 기계학습 기법에 관해 알아볼 것이다. 이를 위해 다음 주제들을 살펴본다.

- 기계학습 소개
- 기계학습 알고리즘의 유형
- 감독 학습 알고리즘
- 무감독 학습 알고리즘
- 추천 알고리즘

# 기계학습 소개

기계학습은 명시적으로 프로그래밍하지 않고도 애플리케이션을 지능적으로 만들 수 있게 해주는 인공지능 분야의 한 갈래다. 기계학습 개념은 애플리케이션이 데이터셋으로부터 결정을 내릴 수 있도록 하는 데 사용된다. 스팸 메일 검출, 자가 운전 차량, 음성 인식, 안면 인식, 실시간 사기 검출 등을 개발하기 위해 기계학습과 데이터 마이닝의 조합을 사용할 수 있다.

자신들의 서비스나 제품이 고객의 요구를 반영하도록 만들고, 이러한 활동으로서의 서비스를 제공하기 위해 기계학습 알고리즘을 활용하는 많은 유명한 조직들이 있다. 구글은 최고의 검색을 제공하는 지능적인 웹 검색 엔진과 구글 메일에서의 스팸 분류, 구글 뉴스에서의 뉴스 속성 분류를 제공하며, 아마존은 추천 시스템을 제공한다. 이런한 종류의 애플리케이션을 개발하는 데 사용할 수 있는 많은 오픈소스 프레임워크가 존재한다. R, 파이썬, 아파치 머하웃, 웨카Weka 등이 바로 그것이다.

## 기계학습 알고리즘의 유형

지능적 시스템 개발을 위한 세 가지 유형의 기계학습 알고리즘이 있다.

- 감독 학습 알고리즘
- 무감독 학습 알고리즘
- 추천 시스템

이 장에서는 분류, 회귀, 군집화 같은 잘 알려진 비즈니스 문제뿐만 아니라, 이러한 기계학습 기법들을 메모리 이슈를 극복하면서 하둡상에서 어떻게 수행하는지에 대해 논의할 것이다.

보유한 장비의 메모리 사이즈에 적당하지 않은 데이터셋을 적재한 후 알고리즘을 수행하려고 하는 경우, 예측 분석은 "오류: 990.1 MB 크기의 벡터를 할당할 수 없습니다."와 같은 메모리 관련 오류를 발생시킬 것이다. 해결책은 장비 구성을 증가시키거나 범용 하드웨어로 병렬화하는 방법이 있다.

# 감독 학습 알고리즘

이번 절에서는 다음과 같은 감독 학습 알고리즘에 대해 배울 것이다.

- 선형 회귀
- 로지스틱 회귀

## 선형 회귀

선형 회귀는 주로 기존 정보에 기반해 값을 예측하고 예견하는 데 사용된다. 회귀는 목표 변수target variable와 설명 변수explanatory variable[1] 간의 선형적 관계를 확인하기 위한 감독학습 기법이다. 말하자면 수치값 형태의 결과 변수를 예측하기 위해 사용된다고 할 수 있다.

이제부터 R을 이용한 회귀 분석, 그리고 R과 하둡을 이용한 회귀 분석에 대해 알아볼 것이다.

여기에서는 예측될 변수를 목표 변수라 하고, 목표 변수를 예측하는 데 도움을 주는 변수를 설명 변수라 부른다. 선형 관계에서는 설명 변수의 변화가 목표 변수에 미치는 영향을 확인할 수 있다.

수학적으로 회귀는 다음과 같은 수식으로 나타낼 수 있다.

$$y = ax + e$$

다른 수식은 다음을 포함한다.

- 회귀선의 기울기는 다음과 같이 주어진다.

$$a = (N\Sigma xy - (\Sigma x)(\Sigma y)) / (N\Sigma x^2 - (\Sigma x)^2)$$

- 회귀의 절편값은 다음과 같이 주어진다.

$$e = (\Sigma y - b(\Sigma x)) / N$$

---

1 목표 변수와 설명 변수는 각각 종속 변수와 독립 변수라고도 한다. – 옮긴이

이때 x와 y는 데이터셋을 형성하는 변수이고 N은 값의 전체 개수다. 다음 표와 같은 데이터를 갖고 있다고 가정해보자.

| x | y |
|---|---|
| 63 | 3.1 |
| 64 | 3.6 |
| 65 | 3.8 |
| 66 | 4 |

만약 새로운 x값이 있다면 그 값에 해당하는 y값은 회귀식을 통해 얻을 수 있다.

선형 회귀의 응용은 다음과 같다.

- 판매량 예측

- 최적의 상품 가격 예측

- 다양한 정보와 캠페인으로부터 다음의 온라인 구매 예측

제공된 데이터셋에 대한 회귀 모델을 구현하는 통계적 기법을 살펴보자. n개의 통계적 데이터가 주어졌다고 가정해보자.

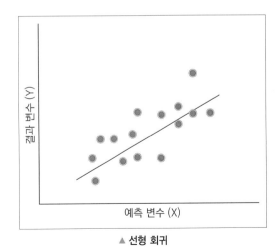

▲ 선형 회귀

그 식은 다음과 같다.

$$Y = e_0 + a_0x_0 + a_1x_1 + a_2x_2 + a_3x_3 + a_4x_4$$

여기서 Y는 목표 변수(응답 변수)이고 $x_i$는 설명 변수이고 수식 $e_0$는 잡음으로 간주할 수 있는 오차항의 제곱합이다. 더 정확한 예측을 위해서는 call 함수의 도움으로 이 오차항을 가능한 줄일 필요가 있다.

## R을 이용한 선형 회귀

이제 R에서 선형 회귀를 어떻게 수행하는지 알아볼 것이다. R로 선형 회귀 모델을 만들기 위해 내장 lm() 메소드를 사용할 수 있다.

```
model <- lm(target ~ ex_var1, data=train_dataset)
```

위 코드는 제공된 데이터셋의 속성에 기반해 회귀 모델을 만들 것이다. 그리고 모델 변수 값으로부터 데이터 패턴을 확인하고 예측하기 위해 사용한 모든 변수의 계수와 모델 매개변수를 저장할 것이다.

```
# 데이터 변수 정의
X = matrix(rnorm(2000), ncol = 10)
y = as.matrix(rnorm(200))

# 데이터 변수를 데이터 프레임으로 묶는다.
train_data <- data.frame(X,y)

# 예측을 위한 훈련 모델
lmodel<- lm(y ~ train_data$X1 + train_data$X2 + train_data$X3 + train_
data$X4 + train_data$X5 + train_data$X6 + train_data$X7 + train_data$X8 +
train_data$X9 + train_data$X10, data= train_data)

summary(lmodel)
```

다음은 summary 명령의 결과로 표시되는 다양한 모델 매개변수다.

- **잔차 제곱 합**RSS, Residual Sum of Squares: $\sum(y_{actual} - y)^2$ 값이다.

- **자유도**DOF, Degrees of Freedom: 예측 모델을 위한 적합의 수준를 확인하기 위해 사용되며 이 값은 가능한 작아야 한다(논리적으로, 0값은 완벽한 예측을 의미한다).

- **잔차 표준 오차**RSS/DF, Residual standard error: 예측 모델을 위한 적합도를 확인하기 위해 사용되며 이 값은 가능한 작아야 한다(논리적으로, 0값은 완벽한 예측을 의미한다).

- **pr**: 이것은 변수가 모델에 포함될 확률이다. 변수가 모델에 포함되려면 이 값이 0.05보다 작아야 한다.

- **t값**: 이 값은 15다.

- **f**: R 스퀘어 값이 0과 다른 값인지를 검사하는 통계량이다.

```
> summary(lmodel)

Call:
lm(formula = y ~ train_data$X1 + train_data$X2 + train_data$X3 +
    train_data$X4 + train_data$X5 + train_data$X6 + train_data$X7 +
    train_data$X8 + train_data$X9 + train_data$X10, data = train_data)

Residuals:
     Min       1Q   Median       3Q      Max
-2.63032 -0.63309 -0.07399  0.62334  2.83372

Coefficients:
                Estimate Std. Error t value Pr(>|t|)
(Intercept)    -0.166414   0.070605  -2.357  0.01945 *
train_data$X1   0.031970   0.071050   0.450  0.65325
train_data$X2  -0.089957   0.072481  -1.241  0.21611
train_data$X3   0.067545   0.069906   0.966  0.33517
train_data$X4   0.187189   0.071434   2.620  0.00949 **
train_data$X5  -0.049948   0.072221  -0.692  0.49004
train_data$X6   0.019923   0.071427   0.279  0.78060
train_data$X7   0.013168   0.074747   0.176  0.86035
train_data$X8   0.079554   0.074907   1.062  0.28957
train_data$X9  -0.008961   0.068948  -0.130  0.89674
train_data$X10 -0.110755   0.067407  -1.643  0.10203
---
Signif. codes:  0 '***' 0.001 '**' 0.01 '*' 0.05 '.' 0.1 ' ' 1

Residual standard error: 0.9841 on 189 degrees of freedom
Multiple R-squared:  0.06692,   Adjusted R-squared:  0.01755
F-statistic: 1.355 on 10 and 189 DF,  p-value: 0.204
```

## R과 하둡을 이용한 선형 회귀

거대한 데이터셋을 가지고 있다면 어떻게 회귀 분석을 수행할 수 있을까? 이런 경우 병렬로 선형 회귀를 수행하기 위해 맵퍼와 리듀서를 구현하고 R과 하둡을 연동해 사용할 수 있다. 이 방법은 가용한 노드상에서 데이터셋을 청크chunk로 나누고 나서 분산된 데이터를 병렬로 처리할 것이며, R과 하둡 클러스터에서 작업할 때는 거대한 데이터셋이 하둡 계산 노드상에 분산되어 R로 처리되기 때문에 메모리 이슈를 유발하지도 않을 것이다. 하지만 이 구현 방법이 lm() 메소드보다 더 높은 예측 정확도를 제공하지 않는다는 점을 명심하라.

R과 하둡을 연동하기 위해, 레볼루션 애널리틱스에서 제공하는 오픈소스 RHadoop이 여기에서 사용된다. RHadoop에 관한 더 자세한 정보는 https://github.com/RevolutionAnalytics/RHadoop/wiki를 참고하라. 이 예제에서는 RHadoop 패키지 중에서 rmr과 rhdfs 라이브러리만 사용한다.

R과 하둡을 이용해 회귀 분석을 수행해보자.

```
# 거대한 메트릭스 X로 데이터셋을 정의
X = matrix(rnorm(20000), ncol = 10)
X.index = to.dfs(cbind(1:nrow(X), X))
y = as.matrix(rnorm(2000))
```

여기에서 Sum() 함수는 재사용된다.

```
# 리듀서로서 사용될 함수를 정의
Sum =
    function(., YY)
        keyval(1, list(Reduce('+', YY)))
```

선형 회귀 알고리즘의 윤곽은 다음과 같다.

1. 맵리듀스 잡1로 XtX 값을 계산한다.
2. 맵리듀스 잡2로 Xty 값을 계산한다.
3. solve(XtX, Xty)를 계산해 계수값을 유도한다.

한 단계씩 진행해보자.

첫 번째 단계는 맵리듀스 잡 1번으로 XtX[2] 값을 계산한다.

1. 큰 메트릭스가 완전한 행들로 구성된 청크 형태로 나뉘어 맵퍼에 전달된다. 이 서브메트릭스에 대한 외적을 계산한 후 단일 리듀서로 전달해 모두 더해준다.

---

2  X'X는 X의 전치행렬과 X의 곱을 의미한다. - 옮긴이

이 연산은 단일 키를 가지고 있으므로 컴바이너Combiner가 반드시 필요하며, 메트릭스 합이 결합법칙과 교환법칙을 만족하므로 당연히 리듀서에서 사용 가능하다.

```
XtX =
    values(
        # hdfs 데이터를 R로 로드하기 위해
        from.dfs(
            # XT*X를 생성하는 맵리듀스 잡
            mapreduce(
                input = X.index,
                # 맵퍼 - XT*X를 계산하기 위해
                map =
                    function(., Xi) {
                        yi = y[Xi[,1],]
                        Xi = Xi[,-1]
                        keyval(1, list(t(Xi) %*% Xi))},
                # 리듀서 - sum 작업을 수행해 맵퍼 결과를 리듀스한다.
                reduce = Sum,
                combine = TRUE)))[[1]]
```

2. 하둡 분산 파일시스템HDFS에 저장된 많은 양의 데이터가 있을 때 그 경로를 mapreduce 메소드에 입력 매개변수로 전달해야 한다.

3. 이전 코드에서 보았듯이, X는 다음 함수로 생성된 메트릭스라는 것을 알고 있다.

```
X = matrix(rnorm(2000), ncol = 10)
```

4. 위 코드의 수행 결과는 아래 그림과 비슷하게 보일 것이다.

```
> X = matrix(rnorm(2000), ncol = 10)
> X
             [,1]        [,2]        [,3]        [,4]        [,5]        [,6]        [,7]        [,8]        [,9]       [,10]
 [1,] -1.331009728 -0.938595642  0.251500253 -0.38732670  1.726157283  1.28011442 -1.188795165  0.65626505 -0.13358852  1.994043068
 [2,]  0.565496539  1.736337940 -1.073862937  1.50055477 -0.804540417 -1.00173291 -0.071578111  0.74791167 -3.20628276 -0.195105803
 [3,]  0.850172588 -1.392844682 -0.471156772 -0.55026420  0.517891403 -1.12981861 -0.322102941 -0.16226288 -0.08717879  1.107455933
 [4,]  0.444142274 -1.820468066 -0.969811221  0.57173997  0.557294449  0.43355504 -0.437071473 -0.86645597 -0.58256758 -1.718820466
 [5,]  0.507975469  0.506769942  0.252459216  0.95632941 -0.029616669 -0.04784847 -2.051021993 -0.42139955 -1.32394457  0.065074504
 [6,]  0.555452856  1.177174158 -0.622080442 -0.75767182  0.755015836 -0.84369878  0.832374670  0.54215290  0.13627573  0.794320048
 [7,]  0.380677838  0.293751554 -2.026362457 -0.11989566 -1.169743342  3.79201075 -0.987848608 -0.60910066  0.07366394 -0.810556332
 [8,] -2.468886553 -1.346583151 -0.526052331  0.28194997  1.373465723  0.65055228 -2.472305833 -1.43318203  0.75182640 -0.636107506
 [9,] -1.342776078  0.776121876 -0.426102128 -0.39707018 -1.506004183 -0.32216979 -1.087819697  0.03844442  0.31546613  0.697446509
[10,] -0.991048535  0.528419049 -2.483191832  0.08032207 -3.034221103  0.59355980  1.389037960 -1.52551162 -0.71786713  2.175064443
[11,] -0.783163703  0.350780313  0.122302766  0.54048200  0.615773536 -1.51988600 -0.012335649 -0.30434678  0.77427398  0.374912625
[12,]  0.634190858  0.351298779  0.462613539  0.32182266  0.527092302  1.29092352  0.195931327  1.18545674 -0.59230294  0.156119417
```

모든 열은 설명 변수로 간주되며 그 표준 오차는 일반 선형 회귀로 계산하는 것과 비슷한 방법으로 계산될 수 있다.

맵리듀스 잡 2를 이용해 Xty 값을 계산하는 것은 y의 경우와 꽤 유사하다. 벡터 y는 일반 스코프 규칙에 따라 노드들에서 사용 가능하다.

```
Xty =  values(
    # hdfs 데이터를 R로 로드하기 위해
    from.dfs(
        # XT*y를 생성하는 맵리듀스 잡
        mapreduce(
            input = X.index,
            # 맵퍼 - XT*y를 계산하기 위해
            map = function(., Xi) {
                yi = y[Xi[,1],]
                Xi = Xi[,-1]
                keyval(1, list(t(Xi) %*% yi))},
            # 리듀서 - sum 작업을 수행해 맵퍼의 결과를 리듀스한다.
            reduce = Sum,
            combine = TRUE)))[[1]]
```

solve(Xtx, Xty)로 계수 값을 유도하기 위해 다음 과정을 수행한다.

1. 마지막으로 계수값을 얻기 위해 다음 코드를 수행할 필요가 있다.

```
solve(XtX, Xty)
```

2. 위 명령의 결과는 다음과 같다.

```
> solve(XtX, Xty)
               [,1]
 [1,]  0.038845121
 [2,]  0.015100617
 [3,]  0.012841903
 [4,] -0.033987022
 [5,] -0.004162355
 [6,] -0.175773152
 [7,] -0.080512728
 [8,]  0.036393052
 [9,] -0.063170450
[10,]  0.073065252
```

## 로지스틱 회귀

통계학에서 로지스틱 회귀(logistic regression 또는 logit regression)는 확률적 분류 모델의 한 유형이다. 로지스틱 회귀는 의학과 소셜 과학 분야를 포함한 다양한 분야에서 광범위하게 사용된다. 이항 또는 다항 로지스틱 회귀가 사용될 수 있다.

이항 로지스틱 회귀에서는 종속 변수의 결과가 두 가지 형태를 가질 수 있는 상황을 다룬다. 다항 로지스틱 회귀는 결과가 세 가지 이상의 형태를 가질 수 있는 상황을 다룬다.

로지스틱 회귀는 아래 나열된 로지스틱 함수를 사용해 구현할 수 있다.

- 로그 오즈비odds ratio를 예측하기 위해 다음 식을 사용한다.

$$\text{logit(p)} = \beta 0 + \beta 1 \times x1 + \beta 2 \times x2 + ... + \beta n \times xn$$

- 확률 식은 다음과 같다.

$$p = e^{\text{logit(p)}} / 1 + e^{\text{logit(p)}}$$

선형 회귀와 유사하게 logit (p)는 설명 변수explanatory variable $X(x_1, x_2, x_3, ... , x_n)$에 대한 선형 함수다. 그래서 이 함수의 결과는 0에서 1 사이의 값을 가질 것이다. 확률 스코어를 기반으로 0과 1 사이의 범위로 해당 확률을 정할 수 있다. 대부분의 사례에서는 스코어 값이 0.5보다 크다면 1로, 0.5보다 작다면 0으로 간주한다. 또한 로지스틱 회귀는 결과 변수를 분류하는 분류 경계를 제공한다고 볼 수도 있다.

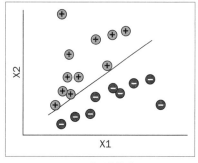

▲ 로지스틱 회귀

위 그림은 트레이닝 데이터셋을 보여준다. 이 트레이닝 데이터셋 그림을 보면, R의 glm 모델로 생성한 하나의 분류 경계가 존재한다고 말할 수 있다.

로지스틱 회귀는 다음과 같은 응용을 포함한다.

- 온라인 구매의 우도likelihood 예측하기
- 당뇨병의 유무 검출

## R을 이용한 로지스틱 회귀

R로 로지스틱 회귀를 수행하기 위해 iris 데이터셋과 glm 모델을 사용할 것이다.

```
# iris 데이터셋 로딩
data(iris)

# 목표 변수 설정
target <- data.frame(isSetosa=(iris$Species == 'setosa'))

# iris에 목표 변수를 더해 새로운 데이터셋을 생성
inputdata <- cbind(target, iris)

# 로지스틱 회귀 관계식 정의
formula <- isSetosa ~ Sepal.Length + Sepal.Width + Petal.Length + Petal.
Width

# glm()를 이용해 로지스틱 모델 실행
logisticModel <- glm(formula, data=inputdata, family="binomial")
```

## R과 하둡을 이용한 로지스틱 회귀

R과 하둡으로 로지스틱 회귀를 수행하기 위해서 RHadoop의 rmr2 패키지를 사용할 것이다.

로지스틱 회귀 알고리즘의 개략적인 요약은 다음과 같다.

- lr.map 맵퍼 함수 정의
- lr.reduce 리듀서 함수 정의

- `logistic.regression` 맵리듀스 함수 정의

각 함수를 하나씩 살펴보자.

먼저 기울기 하강gradient decent으로 로지스틱 회귀 함수를 정의할 것이다. 비종속 변수를 메트릭스 데이터 형태로 생성해 다변량 회귀multivariate regression를 수행할 수 있다. 모델의 적합을 위해 요인형 변수를 바이너리 변수로 변환할 수도 있다. 이 함수는 input과 iterations, dims, alpha를 입력 매개변수로 받는다.[3]

- `lr.map`: 이 함수는 로지스틱 회귀의 맵퍼이며, 기울기 점들의 부분 집합의 기여도를 계산할 것이다.

```
# 맵퍼 - 기울기 점의 부분 집합의 기여도를 계산
lr.map =
    function(., M) {
        Y = M[,1]
        X = M[,-1]
        keyval(
            1,
            Y * X *
            g(-Y * as.numeric(X %*% t(plane))))}
```

- `lr.reduce`: 이 함수는 로지스틱 회귀의 리듀서이며, 키 1에 대한 모든 값의 sum을 수행한다.

```
lr.reduce =
    function(k, Z)
        keyval(k, t(as.matrix(apply(Z,2,sum))))
```

- `logistic.regression`: 이 함수는 주로 `logistic.regression` 맵리듀스 함수를 정의하며 입력 매개변수는 다음과 같다. 이 함수를 호출하면 맵리듀스 함수의 로지스틱 회귀의 수행을 시작할 것이다.

---

3  회귀 분석을 설명하는 다양한 용어들을 한 번 정리해보자. 설명 변수의 개수가 한 개인지 아니면 둘 이상인지에 따라 단순(simple) 회귀와 다중(multiple) 회귀로 나뉘며 종속 변수의 개수가 2개 이상인 경우는 다변량(multivariate) 회귀라 한다. 그리고 앞에서 살펴본 것처럼 종속 변수가 두 개 이상의 범주를 가지는가에 따라 이항(Binomial) 회귀와 다항(multinomial) 회귀로 나눌 수 있다. – 옮긴이

- ○ input: 입력 데이터셋

- ○ iterations: 기울기 계산을 위한 정해진 반복 횟수

- ○ dims: 입력 변수의 차원

- ○ alpha: 학습률learning rate

로지스틱 회귀 함수를 어떻게 개발하는지 살펴보자.

```
# 맵리듀스 잡 - 로지스틱 회귀 수행을 위한 맵리듀스 함수 정의
logistic.regression =
    function(input, iterations, dims, alpha){
    plane = t(rep(0, dims))
    g = function(z) 1/(1 + exp(-z))
    for (i in 1:iterations) {
        gradient =
            values(
              from.dfs(
                mapreduce(
                    input,
                    map = lr.map,
                    reduce = lr.reduce,
                    combine = T)))
        plane = plane + alpha * gradient }
    plane }
```

다음과 같이 이 로지스틱 회귀 함수를 실행해보자.

```
# 데이터셋 로딩
library(catdata)
data(foodstamp)

# hdfs에 데이터 저장
testdata <- to.dfs(as.matrix(foodstamp))

# R과 하둡을 이용해 로지스틱 회귀 수행
print(logistic.regression(testdata, 10, 3, 0.05))
```

앞 명령의 수행 결과는 다음과 같다.

```
         TEN SUP  INC
[1,] 0.15 0.3 222.2
```

# 무감독 기계학습 알고리즘

기계학습에서 무감독 학습은 분류 라벨이 없는 데이터셋으로부터 감춰진 구조를 찾는 데 사용된다. 데이터셋에 라벨이 없기 때문에 잠재적인 해답에 대한 평가에서 오차 개념이 존재하지 않는다.

무감독 학습은 다음과 같은 여러 알고리즘을 포함한다.

- 군집화Clustering

- 인공 신경망Artificial neural networks

- 벡터 양자화Vector quantization

여기서는 군집화 알고리즘을 살펴볼 것이다.

## 군집화

군집화는 비슷한 속성을 가진 객체들을 같은 카테고리로 묶고, 다른 객체는 다른 카테고리에 묶어주는 방식으로 객체의 집합을 그룹화한다. 군집화에서는 입력 데이터셋에 미리 정의된 라벨이 없으며, 오로지 데이터 구조의 유사도에만 기반해 라벨이 책정된다.

무감독 학습에서 분류 기술은 제공된 입력 학습 데이터셋을 이용해 데이터를 특정 카테고리로 매핑하는 절차를 수행한다. 동일한 과정이 군집화(또는 군집 분석)로 알려져 있으며, 이는 데이터 포인트 간의 거리 같은 유사도 측정 방식에 기반해 그룹화된 데이터를 카테고리로 연관짓는다.

다음 그림에서 군집화가 유사도 기반으로 객체를 그룹화한다는 것을 확인할 수 있다.

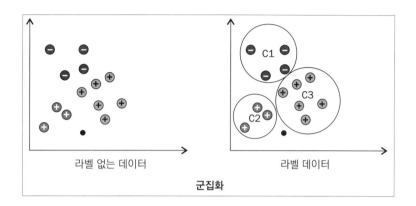

k-평균k-means 군집화, k-medoids 군집화, 계층적hierarchical 군집화, 밀도 기반 density-based 군집화 등 R을 이용해 수행 가능한 여러 군집화 기법이 있다. 그 가운데 k-평균 군집화가 데이터 과학 분야에서 군집화 알고리즘으로 폭넓게 사용된다. 이 알고리즘은 사용자로부터 클러스터의 개수를 입력 매개변수로 요청한다.

군집화의 응용 사례는 다음과 같다.

- 시장 세분화Market segmentation
- 소셜 네트워크 분석
- 컴퓨터 네트워크 구성
- 천문학 데이터 분석

## R을 이용한 군집화

여기에서는 iris 입력 데이터셋으로 클러스터링을 수행하기 위해 k-평균 방법을 고려하며, 이는 빌트인 R 데이터셋인 iris 데이터를 이용해 단순히 함수를 호출하면 완료할 수 있다(추가적인 정보는 http://stat.ethz.ch/R-manual/R-devel/library/datasets/html/iris.html를 참고하라). 여기서는 k-평균 군집화를 R로 어떻게 수행할 수 있는지 알아볼 것이다.

```
# 아이리스 데이터셋 로딩
data("iris")

# 아이리스 데이터셋을 위한 클러스터 생성
kmeans <- kmeans(iris[, -5], 3, iter.max = 1000)

# 생성된 클러스터와 아이리스 종의 비교
Comp <- table(iris[, 5], kmeans$cluster)
```

작은 데이터셋에 대해서 클러스터를 얻는 것은 매우 간단하지만, 거대한 데이터셋을 군집화하려면 적절한 계산 능력을 제공하기 위해서 하둡을 사용할 필요가 있다.

## R과 하둡을 이용한 군집화 수행

이미 RHadoop에 k-평균 군집화 알고리즘이 구현되어 있기 때문에 단순히 그것을 사용해보고 이해하면 될 것이다.[4] 입력 데이터셋의 포맷에 따라 맵퍼와 리듀서를 수정해서 사용할 수도 있다. 하둡을 이용하기 때문에 각 노드에서 병렬로 수행될 맵퍼와 리듀서를 개발해야 한다.

군집화 알고리즘의 대략적인 윤곽은 다음과 같다.

- 거리 함수 dist.fun 정의
- k-평균 맵퍼 함수 k-means.map 정의
- k-평균 리듀서 함수 k-means.reduce 정의
- k-평균 맵리듀스 함수 k-means.mr 정의
- 군집화 알고리즘에 제공할 입력 데이터 포인트 정의

필요한 함수를 모두 정의한 후 적절한 매개변수를 제공해 k-means.mr(k-평균 맵리듀스 잡)을 수행할 것이다.

위에서 소개한 함수들을 각각 살펴보자.

---

4  해당 소스코드는 이 책이 제공하는 샘플 코드 또는 https://github.com/RevolutionAnalytics/rmr2/blob/master/docs/tutorial.md에서 찾을 수 있다. - 옮긴이

- dist.fun: 먼저 중심점 행렬 C와 포인트 행렬 P 간의 거리를 계산하는 dist. fun 함수를 살펴볼 것이다. 테스트 결과 1,000,000개의 포인트와 100개의 중심점으로 구성된 5차원 데이터에 대해 대략 16초 정도 소요된다.

```
# 거리 계산 함수
dist.fun = function(C, P) {
    apply(C,1, function(x) colSums((t(P) - x)^2))}
```

- k-means.map: k-평균 군집화 맵리듀스 알고리즘의 맵퍼는 각 포인트와 모든 중심점 간의 거리를 계산한 후 각 포인트에서 가장 가까운 중심점을 반환할 것이다. 이 맵퍼는 아래 코드를 기반으로 반복 수행될 것이다. 첫 번째 반복에서는 군집 중심점 랜덤하게 할당되며, 이후 반복에서는 군집의 모든 접으로부터의 최소 거리를 기반으로 군집 중심점을 계산할 것이다.

```
# k-평균 군집화 맵
kmeans.map =
    function(., P) {
        nearest = {
            # 첫 번째 반복 - 랜덤하게 군집 중심접을 할당한다.
            if(is.null(C))
                sample(
                    1:num.clusters,
                    nrow(P),
                    replace = T)
            # 나머지 반복 - 클러스터는 포인트로부터의 최소 거리에 기반해 할당된다.
            else {
                D = dist.fun(C, P)
                nearest = max.col(-D)}}

        if(!(combine || in.memory.combine))
            keyval(nearest, P)
        else
            keyval (nearest , cbind(1, P))}
```

- k-means.reduce: k-평균 군집화 맵리듀스 알고리즘의 리듀서는 키 값별로 행렬 포인트의 열평균을 계산할 것이다.

```
# k-Means 리듀서
kmeans.reduce = {
    # 열의 평균을 계산한다.
```

```
        if (!(combine || in.memory.combine))
            function(., P)
                t(as.matrix(apply(P, 2, mean)))
        else
            function(k, P)
                keyval (
                    k,
                    t(as.matrix(apply(P, 2, sum)))))}
```

- k-means.mr: k-평균 군집화 맵리듀스 함수 정의에 다음과 같은 여러 가지 입력 매개변수가 사용된다.

  ○ P: 입력 데이터 포인트를 나타낸다.

  ○ num.clusters: 클러스터의 총 개수다.

  ○ num.iter: 데이터셋에 수행할 총 반복 횟수다.

  ○ combine: 컴바이너를 활성화할 것인지 여부를 나타낸다(TRUE 또는 FALSE).

```
# k- Means 맵리듀스
kmeans.mr =
    function(
        P,
        num.clusters,
        num.iter,
        combine,
        in.memory.combine) {
            C = NULL
            for(i in 1:num.iter) {
                C = values(
                    # hdfs 데이터셋 로딩
                    from.dfs(
                        # 입력 데이터셋과 맵퍼, 리듀서를 가진 맵리듀스 잡
                        mapreduce(
                            P,
                            map = kmeans.map,
                            reduce = kmeans. reduce)))

                if(combine || in.memory.combine)
                    C = C[, -1] / C[, 1]

                if(nrow(C) < num.clusters) {
                    C = rbind(
```

```
                    C,
                    matrix(
                        rnorm(
                            (num.clusters -
                                nrow(C)) * nrow(C)),
                        ncol = nrow(C)) %*% C) }}
            C }
```

- 군집화 알고리즘에 제공할 입력 데이터 포인트 정의

```
# Input data points
P = do.call(
    rbind,
    rep(
        list(
            # 행렬 생성
            matrix(
                # sd=10으로 정규화된 랜덤 데이터 생성
                rnorm(10, sd = 10),
                ncol = 2)),
            20)) + matrix(rnorm(200), ncol = 2)
```

- 적절한 매개변수로 kmeans.mr(k-평균 군집화 맵리듀스 잡) 수행

```
# 필요한 입력 매개변수를 제공해 kmeans.mr 하둡 맵리듀스 알고리즘 수행
kmeans.mr(
    to.dfs(P),
    num.clusters = 12,
    num.iter = 5,
    combine = FALSE,
    in.memory.combine = FALSE)
```

- 위 명령의 결과는 아래 그림과 같다.

```
          [,1]        [,2]
 [1,]  12.931487 -14.925114
 [2,]  12.513291   0.159962
 [3,]   3.997781  23.809110
 [4,]  13.235064  -2.456556
 [5,]  -3.331972  -9.848412
 [6,]  10.240459  56.584566
 [7,]  -3.364060  31.683668
 [8,]  19.370758  12.827422
 [9,]  -2.523515   7.471953
[10,] -16.950461 -63.860343
[11,]   6.857692  18.418012
[12,] -21.923976  35.914922
```

# 추천 알고리즘

추천은 사용자가 좋아할 새로운 아이템을 사용자의 기존 아이템에 기반해 예측하는 기계학습 기술이다. 추천은 이커머스 분야에서 폭넓게 사용된다. 이러한 유연한 데이터 기반, 행동 기반 알고리즘을 이용하면 교차 판매cross-selling나 연쇄 판매up-selling에서 고객에게 적시에 자동으로 연관 상품을 제안하는 데 도움이 되기 때문에 비즈니스에서 전환율을 증가시킬 수 있다.

예를 들어 고객이 삼성 갤럭시 S4 전화기를 아마존에서 찾아보고 있을 때 이것과 유사한 다른 전화기를 '이 물건을 구매한 고객들이 구매한 또 다른 물건' 창에서 제안한다.

두 가지 유형의 추천이 있다.

- **사용자 기반 추천**: 이 유형에서는 현재 사용자와 유사한 고객을 고려한다. 이러한 사용자 유사도에 기반해 사용자의 관심 아이템이나 구매 아이템을 다른 사용자에게 추천할 수 있다. 예제를 통해 알아보자.

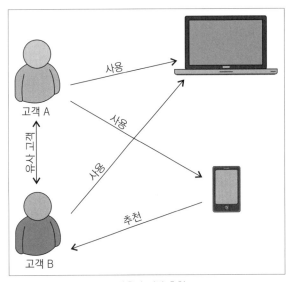

▲ 사용자 기반 추천

A와 B라는 두 고객이 있다고 가정하자. 두 사람은 모두 아이폰을 사용하고 있기 때문에 유사한 취향을 가지고 있다. 고객 A는 맥북과 아이폰 두 아이템을 사용하므로 고객 B에게 맥북이 추천될 것이다. 이것이 사용자 기반 추천이다.

- **아이템 기반 추천**: 이 유형에서는 사용자에게 현재 사용되고 있는 아이템과 유사한 아이템을 고려한다. 아이템 유사도 점수를 기반으로 해, 사용자에게 교차 판매와 연쇄 판매 유형의 추천을 위한 유사 아이템이 제공될 것이다. 예제를 통해 알아보자.

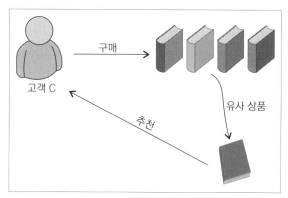

▲ 아이템 기반 추천

예를 들어, 고객 C가 다음과 같은 책들을 좋아하거나 구매했다고 하자.

- 아파치 머하웃 프로그래밍
- 하둡 맵리듀스 쿡북
- 하둡과 빅데이터 분석 실무
- 더미에게 물어봐! 빅데이터

이러한 정보에 기반해 추천 시스템은 고객 C가 읽고 싶은 새 책이 어느 것인지 다음과 같이 예측할 것이다.

- R과 하둡을 이용한 빅데이터 분석

이제 R과 하둡을 이용해서 어떻게 추천을 생성하는지 살펴볼 것이다. 그러나 R과 하둡의 조합으로 나아가기 전에 R로 어떻게 추천을 수행하는지 먼저 살펴보자. 이는 당신의 추천 시스템을 맵리듀스 추천 알고리즘으로 전환하기 위한 개념을 분명히 해줄 것이다. R과 하둡으로 추천을 생성하는 예제에서 레볼루션 애널리틱스 사의 RHadoop 배포판을 사용할 것이다.

## R에서의 추천 생성 과정

사용자를 위한 추천을 생성하기 위해서는 알고리즘이 읽을 수 있는 특별한 형태의 데이터셋이 필요하다. 여기에서는 추천을 위해서 콘텐츠 기반 알고리즘보다는 협업 필터링 알고리즘을 사용한다. 그러므로 가용한 아이템 집합에 대한 사용자의 평점 정보가 필요할 것이다. small.csv 데이터셋은 사용자 ID, 아이템 ID, 평점의 형태로 주어진다.

```
# user ID,    item ID,    item's rating
1,            101,        5.0
1,            102,        3.0
1,            103,        2.5
2,            101,        2.0
2,            102,        2.5
2,            103,        5.0
2,            104,        2.0
3,            101,        2.0
3,            104,        4.0
3,            105,        4.5
3,            107,        5.0
4,            101,        5.0
4,            103,        3.0
4,            104,        4.5
4,            106,        4.0
5,            101,        4.0
5,            102,        3.0
5,            103,        2.0
5,            104,        4.0
5,            105,        3.5
5,            106,        4.0
```

여기에서 소개하는 코드와 데이터 집합은 책 『Mahout in Action』에서 차용했다. 웹사이트는 http://www.manning.com/owen/나.

추천은 다음과 같이 행렬 분해 기법으로부터 유도할 수 있다.[5]

```
Co-occurrence matrix * scoring matrix = Recommended Results
```

추천 결과를 생성하기 위해서 아래와 같은 단계를 따를 것이다.

1. 동시 발생 행렬 계산

2. 사용자 점수 행렬을 생성

3. 추천 결과 생성

이후 절부터는 앞에서 본 과정을 실행하는 기술적인 세부 사항에 대해 알아볼 것이다.

1. 첫 번째로 동시 발생 행렬을 계산하면 주어진 데이터셋에서 동시에 등장하는 아이템 집합을 확인할 수 있을 것이다. 쉽게 말해 주어진 데이터셋에서 함께 등장하는 아이템의 쌍들의 수를 세는 것이다.

```
# plyr 패키지 로드
library(plyr)

# 데이터셋 읽기
train <- read.csv(file = "small.csv", header = FALSE)
names(train) <- c("user", "item", "pref")

# 사용자 목록 계산
usersUnique <- function() {
    users <- unique(train$user)
    users[order(users)]
}

# 제품 목록 계산하는 메소드
itemsUnique <-function () {
```

---

5  행렬 분해 기법의 추천 시스템은 http://www2.research.att.com/~volinsky/papers/ieeecomputer.pdf를 참고한다. – 옮긴이

```
        items <- unique(train$item)
        items[order(items)]
}

# 유일한 사용자 목록을 얻는다.
users <- usersUnique()

# 유일한 제품 목록을 얻는다.
items <-itemsUnique()

# 제품 목록의 인덱스를 도입한다.
index <- function(x) which(items %in% x)
data <- ddply(train , .(user, item, pref) , summarize , idx =
index(item))

# 동시 발생 행렬
cooccurrence <-function (data) {
    n <-length (items)
    co <-matrix (rep (0, n * n), nrow = n)
    for (u in users) {
        idx <-index (data $ item [which(data$user == u)])
        m <-merge (idx, idx)
        for (i in 1: nrow (m)) {
            co [m$x[i], m$y[i]] = co[m$x[i], m$y[i]]+1
        }
    }
    return (co)
}

# 동시 발생 행렬 생성
co <- cooccurrence(data)
```

2. 사용자의 평점 정보에 기반해서 사용자 점수 행렬을 생성하기 위해 사용자-아이템 평점 행렬을 각 사용자에 대해 생성할 수 있다.

```
# 추천 알고리즘
recommend <- function(udata = udata, co = coMatrix, num = 0) {
    n <- length (items)

    # 모든 선호도 별점
```

```
pref <- rep(0, n)
pref[udata$idx] <- udata$pref

# 사용자 평점 행렬
userx <- matrix(pref, nrow = n)

# 동시 발생 행렬 * 평점 행렬
r <- co %*% userx

# 추천 결과 정렬
r[udata$idx] <- 0
idx <- order(r, decreasing = TRUE)
topn <- data.frame(user = rep(udata$user[1], length(idx)), item =
items[idx], val = r[idx])

# num 인자 개수만큼 추천 결과 생성
if (num > 0) {
    topn <- head(topn, num)
}

# 결과 리턴
return(topn)
}
```

3. 마지막으로 추천 결과는 동시 발생 행렬과 사용자의 평점 점수 행렬 이 두 행
   렬의 곱 작업으로부터 생성된다.

```
# 추천 결과 저장을 위한 데이터 프레임 초기화
recommendation <- data.frame()

# 모든 사용자에 대한 추천 결과 생성
for(i in 1:length(users)) {
    udata <- data[which(data$user == users[i]),]
    recommendation <- rbind(recommendation, recommend(udata, co, 0))
}
```

 Myrrix로 추천을 생성하고 R로 인터페이싱하는 것은 매우 쉽다. 더 많은 정보는 https://
github.com/jwijffels/Myrrix-R-interface를 참고한다.

## R과 하둡으로 추천 생성

R과 하둡으로 추천을 생성하기 위해서는 병렬적인 방식으로 데이터 처리를 수행하는 알고리즘을 개발해야 한다. 이는 맵퍼와 리듀서를 사용해 구현할 수 있다. 커다란 데이터셋으로부터 추천을 생성하기 위해 R과 하둡을 어떻게 사용하는지가 이 절의 가장 흥미로운 부분이다.

여기에서 예로 드는 방법은 R에서 추천을 생성했던 방법과 비슷한 단계를 거치지만, 이 과정을 맵퍼와 리듀서 패러다임으로 변환하는 것은 다소 복잡하다.

1. 동시 발생 행렬 생성

2. 사용자 평점 점수 행렬 생성

3. 추천 생성

구현을 위해 이전에 살펴본 R을 이용한 방법과 유사한 개념을 사용하지만 R과 하둡으로 추천을 생성하기 위해서는 병렬 작업의 기반으로서 키-값 패러다임을 사용해야 한다. 그러므로 모든 함수는 키-값 패러다임을 고려해 구현할 것이다.

1. 첫 번째로 동시 발생 행렬 아이템을 만든다. 동시 발생 행렬 아이템을 만들기 위해 다음 과정을 수행한다. 사용자별로 그룹을 나누고, 각 사용자가 선택한 개별 아이템의 개수를 센다. 그리고 쌍으로 개수를 센다.

```
# rmr2 패키지 로드
library(rmr2)

# 입력 데이터 파일
train <- read.csv(file = "small.csv", header = FALSE)
names(train) <- c("user", "item", "pref")

# 하둡 rmr 포맷을 사용함. 'hadoop'이 기본 세팅값이다.
rmr.options(backend = 'hadoop')

# 데이터셋을 HDFS에 올린다.
train.hdfs = to.dfs(keyval(train$user, train))

# from.dfs 명령으로 데이터를 살펴본다.
from.dfs(train.hdfs)
```

기억해둘 중요한 사항은 다음과 같다.

○ train.mr: 이 맵리듀스 잡의 키-값 패러다임 정보

○ **키**: 사용자 벡터의 리스트다.

○ **값**: 아이템 조합 벡터다.

```
# 동시 발생 행렬을 위한 1번 맵리듀스 잡
train.mr <-mapreduce (
    train.hdfs,
    map = function (k, v) {
        keyval (k, v$item)
    }
    # 동시 발생 아이템의 확인을 위해
    , Reduce = function (k, v) {
        m <-merge (v, v)
        keyval (m$x, m$y)
    }
)
```

동시 발생 행렬 아이템은 계산을 위해 병합될 것이다. 맵리듀스 잡을 정의하기 위해 아이템들 조합의 빈도를 계산하는 step2.mr이 사용된다.

○ step2: 맵리듀스 잡의 키, 값 패러다임 정보

○ **키**: 아이템 벡터의 리스트

○ **값**: 동시 발생 행렬 데이터 프레임의 값(아이템, 아이템, 빈도값)

```
# 아이템들의 조합의 빈도를 계산하는 맵리듀스 함수
step2.mr <-mapreduce (
    train.mr,
    map = function (k, v) {
        d <-data.frame (k, v)
        d2 <-ddply (d,. (k, v), count)

        key <- d2$k
        val <- d2
        keyval(key, val)
    }
)

# HDFS로부터 데이터를 가져오기
from.dfs(step2.mr)
```

**2.** 사용자 평점 점수 행렬을 만들기 위해 train2.mr 맵리듀스 잡을 정의해보자.

```
# 사용자 평점 점수 행렬을 만드는 맵리듀스 잡
train2.mr <-mapreduce (
    train.hdfs,
    map = function(k, v) {
        df <- v
        # 아이템을 키로 사용
        key <-df $ item
        # [아이템, 사용자, 선호도]를 값으로 사용
        val <-data.frame (item = df$item, user = df$user, pref = df$pref)
        # (키, 값)쌍을 산출한다.
        keyval(key, val)
    }
)


# HDFS로부터 데이터를 가져오기
from.dfs(train2.mr)
```

○ train2.mr: 맵리듀스 잡의 키, 값 패러다임 정보

○ **키**: 아이템의 리스트

○ **값**: 사용자, 상품, 평점 행렬의 값

다음에는 동시발생 행렬과 평점 점수 행렬을 병합한다.

```
# step2.mr와 train2.mr의 결과 데이터에 equijoin을 수행한다.
eq.hdfs <-equijoin (
    left.input = step2.mr,
    right.input = train2.mr,
    map.left = function (k, v) {
        keyval (k, v)
    },
    map.right = function (k, v) {
        keyval (k, v)
    },
    outer = c ("left")
)


# HDFS에서 데이터 로드
from.dfs(eq.hdfs)
```

○ eq.hdfs: 맵리듀스 잡의 키, 값 패러다임 정보

○ **키**: 여기에서는 키는 널이다.

○ **값**: 병합된 데이터 프레임 값

3. 이번 추천 생성 단계에서는 추천 결과 리스트를 얻는다.

```
# equijoin 수행 결과로부터 추천 결과 리스트를 얻기 위한 맵리듀스 잡
cal.mr <-mapreduce (
    input = eq.hdfs,
    map = function (k, v) {
        val <-v
        na <-is.na (v$user.r)
        if (length (which(na))> 0) val <-v [-which (is.na (v $ user.r)),]
        keyval (val$kl, val)
    }
    , Reduce = function (k, v) {
        val <-ddply (v,. (kl, vl, user.r), summarize, v = freq.l * pref.r)
        keyval (val $ kl, val)
    }
)
```

```
# HDFS에서 데이터 로드
from.dfs(cal.mr)
```

○ cal.mr: 맵리듀스 잡의 키, 값 패러다임 정보

○ **키**: 아이템들의 리스트

○ **값**: 추천 결과를 담고 있는 데이터 프레임 값

선호도 값을 가진 추천 아이템 리스트를 결과로 얻기 때문에 해당 결과를 정렬하는 작업이 필요하다.

```
# 추천 결과를 정렬하는 맵리듀스 잡
result.mr <-mapreduce (
    input = cal.mr,
    map = function (k, v) {
        keyval (v $ user.r, v)
    }
    , Reduce = function (k, v) {
```

```
        val <-ddply (v,. (user.r, vl), summarize, v = sum (v))
        val2 <-val [order (val$v, decreasing = TRUE),]
        names (val2) <-c ("user", "item", "pref")
        keyval (val2$user, val2)
    }
)

# HDFS에서 데이터 로드
from.dfs(result.mr)
```

○ result.mr: 맵리듀스 잡의 키, 값 패러다임 정보

○ **키**: 사용자 ID

○ **값**: 추천 결과 데이터 프레임 값

지금까지 아이템 기반 추천을 생성하는 협업 필터링 알고리즘을 디자인해봤다. 여기서 소개한 예제 코드들을 병렬 노드상에서 실행해야 하기 때문에 맵퍼와 리듀서에 주안점을 두었다. 이 방식이 최적의 구현이 아닐 수도 있으므로 이 코드를 개선해 최적화를 해보는 것도 좋을 것이다.


## 요약

이번 장에서는 R과 하둡 기술을 이용해 빅데이터 분석을 어떻게 수행하는지 살펴보았다. 다음 장에서는 다양한 외부 데이터 소스에 R을 연동해 R에서 데이터셋을 풍부하게 만드는 방법을 알아본다.

# 7
# 다양한 DB에서 데이터 가져오기와 내보내기

마지막 장에서는 데이터 분석 작업을 수행하기 위해 다양한 소스로부터 R로 어떻게 데이터를 적재하는지 알아볼 것이다. 특히 데이터 저장을 위해 사용되고 있는 몇 개의 대중적인 데이터베이스를 살펴볼 것인데, 이들은 다양한 응용 방안과 기법들을 가지고 데이터 분석을 수행하는 데 꼭 필요하다. 이미 알고 있는 것처럼, R로 분석 작업을 수행하는 것은 다른 분석 도구에 비해 상대적으로 쉬운 편이며 무료이고 오픈소스다. R은 패키지 설치를 통해 사용 목적에 맞게 기능을 추가하는 방법을 제공하기 때문에 R과 데이터베이스를 연결하는 다양한 데이터베이스 패키지를 CRAN에서 내려받아 사용할 수 있다. 운영체제뿐만 아니라 데이터베이스에 의존적이지 않은 이러한 특성 덕분에 R은 점점 더 인기 있는 프로그래밍 언어가 되고 있다.

이 장은 다양한 데이터베이스 시스템으로부터 어떻게 데이터를 로드하는지, 데이터 모델링을 어떻게 수행하는지에 대해 알 수 있도록 특별히 구성되어 있다. 또한 여러 유명한 데이터베이스에서 각종 DB 작업을 수행하는 예제를 포함하고 있다.

이 책에서 다루는 데이터 소스는 목록은 다음과 같다.

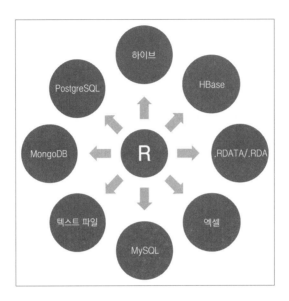

위 그림에서 알 수 있는 것은, R이 다양한 데이터베이스 시스템을 지원하므로 여러 데이터베이스상에서 데이터 분석 관련 작업을 수행할 수 있다는 점이다. R에는 다양한 DB 연결을 수행하는 수많은 라이브러리들이 있으므로 그냥 단순히 해당 라이브러리를 상속해 사용하면 된다.

다음 표는 R에서 연동 가능한 데이터베이스 시스템과 그에 상응하는 R 패키지 목록을 쉽게 이해할 수 있도록 보여주고 있다.

| 데이터베이스 시스템 이름 | 유용한 R 패키지와 함수 |
| --- | --- |
| 텍스트 파일 | .csv, .txt, and .r 같은 텍스트 데이터 파일 |
| MySQL | RMySQL |
| 엑셀 | Xlsx |
| MongoDB | RMongo |
| SQLlite | RSQLlite |
| PostgreSQL | RPostgreSQL |

(이어짐)

| 데이터베이스 시스템 이름 | 유용한 R 패키지와 함수 |
|---|---|
| HDFS | RHDFS |
| 하이브 | RHive |
| HBase | RHBase |

각각의 데이터베이스는 기능 측면에서 자신만의 고유한 중요성을 갖는다. 이러한 각 데이터 소스에 대해 다음과 같은 관점에서 설명해 이해를 도울 것이다.

- 개략적인 소개
- 기능
- 설치
- R로 데이터 가져오기
- 데이터 다루기
- R로부터 데이터 내보내기

이번 장에서는 R에서 다양한 데이터 작업을 하는 데 사용되는 R 패키지를 설치하고 사용해볼 것이다.

이제 데이터베이스에 대해 살펴보고 어떻게 데이터 관련 작업을 수행하는지도 알아보자.

## 데이터 파일을 데이터베이스로 사용

데이터 분석 활동을 수행할 때 항상 데이터 가져오기 또는 적재, 내보내기 기능을 사용하게 된다. 종종 R 프로그래밍 언어로 같은 작업을 반복해야 하는 경우도 있으므로 동일한 데이터 작업을 수행하기 위한 R 기능을 사용할 수 있다.

## 다양한 형태의 파일 이해

데이터 저장 작업을 위해 R에서 사용하는 데이터 파일에는 다음과 같이 네 가지 형태가 있다.

- CSV<sub>Comma Separated Values</sub>(쉼표로 분리된 값 포맷)
- TXT
- .RDATA(R의 고유 데이터 포맷)
- .rda(R의 고유 데이터 포맷)

## R 패키지 설치

위에서 설명한 포맷의 데이터 파일을 사용하기 위해서 추가적인 R 패키지를 설치할 필요는 없다. 단순히 R에서 사용 가능한 내장 함수만 활용하면 된다.

## R로 데이터 가져오기

분석 관련 작업을 수행할 때 R로 데이터를 얻어오는 데 다음과 같은 함수를 사용할 수 있다.

- CSV: read.csv() 함수는 구분자가 ","인 쉼표로 분리된 값(CSV) 포맷을 읽기 위해 만들어졌다. 읽어들인 데이터는 데이터 프레임을 이용해 하나의 R 오브 젝트로 저장될 것이다.

  ```
  dataframe <- read.csv("data.csv", sep=",")
  ```

- TXT: 몇 가지 중요한 매개변수를 사용해 read.table() 함수를 사용하면 탭으로 구분된 값 형태의 텍스트 파일을 읽어들일 수 있다. 이 함수의 반환 타입은 데이터 프레임이다.

  ```
  dataframe <- read.table("data.csv", sep="\t")
  ```

- .RDATA: R은 특정 시간 동안의 워크스페이스 데이터를 저장하는데 .RDATA 포맷을 사용한다. 이는 워크스페이스에서 사용 가능한 모든 데이터를 저장하

거나 읽어들이는 이미지 파일처럼 생각할 수 있다.

```
load("history.RDATA")
```

● .rda: 이 포맷은 특정 데이터 변수를 필요에 따라 저장하는 R 고유의 데이터 포
맷이다.

```
load("data_variables_a_and_b.rda")
```

## R에서 데이터 내보내기

R로부터 데이터 오브젝트를 내보내기 위해 다음과 같은 함수를 사용할 수 있다.

● CSV: 다음 명령을 통해 데이터 프레임 오브젝트를 csv 데이터 파일로 만들 수
있다.

```
write.csv(mydata, "c:/mydata.csv", sep=",", row.names=FALSE)
```

● TXT: 다음 명령을 사용하면 데이터를 탭으로 구분해 파일로 만들 수 있다.

```
write.table(mydata, "c:/mydata.txt", sep="\t")
```

● .RDATA: R 세션에서 사용 가능한 워크스페이스 데이터 변수를 저장하려면 다
음 명령을 사용하라.

```
save.image()
```

● .rda: 이 기능은 차후에 재사용할 특정 데이터 오브젝트를 저장하는 데 사용된
다. 데이터를 .rda 파일에 저장하려면 아래 코드를 사용한다.

```
# 컬럼 벡터
a <- c(1, 2, 3)

# 컬럼 벡터
b <- c(2, 4, 6)

# R 데이터 포맷(.rda)에 데이터 저장
save(a, b, file="data_variables_a_and_b.rda")
```

# MySQL 사용

MySQL은 가장 대중적인 오픈소스 데이터베이스다. 페이스북, 구글, 어도비, 자포스 등 많은 세계적인 기업들이 MySQL 데이터베이스를 사용해 거대 규모의 웹사이트, 비즈니스 민감성 시스템, 소프트웨어 패키지를 제공하는 데 있어 시간과 비용을 절감하고 있다.

R과 MySQL 모두 오픈소스이므로 이들을 이용해 인터랙티브한 웹 분석 애플리케이션을 제작할 수 있다. 또한 특정 패키지를 사용해 기존의 웹 애플리케이션을 위한 간단한 데이터 분석 작업을 수행할 수도 있다.

리눅스 장비에서 MySQL을 설치해 사용하려면 다음과 같은 순서를 따라야 한다.

- MySQL 설치
- RMySQL 설치

## MySQL 설치

리눅스 장비에 MySQL을 설치하는 방법은 다음과 같다.

```
// 리눅스 패키지 리스트를 업데이트
sudo apt-get update

// 업데이트된 패키지를 업그레이드
sudo apt-get dist-upgrade

// MySQL 서버와 클라이언트 패키지를 설치
sudo apt-get install mysql-server mysql-client
```

 다음 명령을 이용해 MySQL 데이터베이스에 로그인한다.

```
mysql -u root -p
```

## RMySQL 설치

MySQL은 설치가 완료되었고 이제 RMySQL을 설치할 차례다. 아래 R 명령을 활용해 CRAN으로부터 R 라이브러리를 사용할 수 있다.

```
# RMySQL 설치
install.packages("RMySQL")

# RMySQL 로딩
library(RMySQL)
```

RMySQL 라이브러리를 설치한 후에 MySQL 관리 콘솔에서 제공되는 것처럼 사용자 권한을 제공해 MySQL 데이터베이터 연결을 수행한다.

```
mydb = dbConnect(MySQL(), user='root', password='', dbname='sample_table',
host='localhost')
```

## 테이블과 테이블의 구조 알아보기

이제 데이터베이스 연결이 성공적으로 완료되었다. 사용 가능한 테이블과 그 테이블의 구조 정보를 나열해보려면 다음 명령을 참고하라. mydb 데이터베이스에 생성된 테이블을 반환하는 명령은 다음과 같다.

```
dbListTables(mydb)
```

sample_table 테이블에 생성된 데이터 필드의 목록을 반환하는 명령은 다음과 같다.

```
dbListFields(mydb, 'sample_table')
```

## R로 데이터 가져오기

MySQL 테이블과 그 필드를 체크하는 방법을 알아보았다. 데이터 테이블을 확인하고 나면 다음과 같이 RMySQL 명령을 이용해서 R로 데이터를 가져올 수 있다. SQL 쿼리로 MySQL 데이터베이스에서 사용자 데이터를 가져오려면 우선 쿼리를 오브젝트로 저장해야 한다.

```
rs = dbSendQuery(mydb, "select * from sample_table")
```

다음과 같이 `fetch` 명령을 이용하면 MySQL에서 R로 데이터 정보를 얻어올 수 있다.

```
dataset = fetch(rs, n=-1)
```

여기에서는 모든 레코드를 얻어오기 위해 매개변수 n = -1을 지정했다.

## 데이터 조작 살펴보기

MySQL 데이터베이스로 데이터 작업을 수행하려면 SQL 쿼리를 실행해야 한다. 그러나 RMySQL에서는 `dbSendQuery` 함수로 명령을 실행한다.

R 데이터 프레임을 이용해 MySQL 데이터베이스에 새로운 테이블을 생성하려면 다음 명령을 수행한다.

```
dbWriteTable(mydb, name='mysql_table_name', value=data.frame.name)
```

R의 매트릭스 데이터를 이미 존재하는 MySQL 데이터 테이블로 삽입하려면 다음 명령을 사용한다.

```
# 데이터 매트릭스 정의
datamatrix <- matrix(1:4, 2, 2)

# 데이터 삽입 쿼리 정의
query <- paste("INSERT INTO names VALUES(", datamatrix[1, 1], ", ",
datamatrix[1, 2], ")")

# 정의된 SQL 쿼리를 제출하는 명령
dbGetQuery(mydb, query)
```

때로는 더 이상 필요하지 않은 MySQL 테이블을 지워야 할 때가 있다. `mysql_some_table` 테이블을 지우기 위해 다음과 같은 쿼리를 실행할 수 있다.

```
dbSendQuery(mydb, 'drop table if exists mysql_some_table')
```

# 엑셀 사용

엑셀은 마이크로소프트에서 개발한 스프레드시트 애플리케이션이며 통계 계산과 그래픽 시각화, 데이터 모델링을 수행하는 측면에서 R과 유사한 기능을 갖고 있다. 엑셀은 마이크로소프트 오피스 번들로 제공되며 주로 .xls 스프레드시트 데이터 파일 포맷을 지원한다. R에서 마이크로소프트 엑셀 스프레드시트를 읽거나 쓰고 싶을 때 사용할 수 있는 많은 R 패키지가 있지만 가장 대중적이고 잘 동작하는 R 라이브러리는 xlsx다.

이 패키지는 엑셀 파일을 프로그래밍적으로 컨트롤하는 방법을 제공한다. 이 패키지의 고수준 API를 이용하면 사용자는 .xlsx 문서를 data.frame으로 읽어들이거나 data.frame을 파일로 쓸 수 있다. 이 패키지는 아드리안 드래귤러스크<sub>Adrian A. Dragulesu</sub>가 개발했다.

## 엑셀 관련 패키지 설치

여기에서는 마이크로소프트 엑셀 97/2000/XP/2003에서 사용하는 .xls 파일을 데이터 소스로 사용한다.

xlsx 패키지를 설치하려면 아래 패키지가 미리 설치되어 있어야 한다.

- xlsxjars
- rJava

xlsx 패키지는 다음과 같이 설치한다.

- install.packages("xlsxjars")
- install.packages("rJava")
- install.packages("xlsx")

## R로 데이터 가져오기

미리 작성된 엑셀 파일을 이용해 R에서 데이터 분석 작업을 수행하고 싶을 때, R에서 처리할 엑셀 파일을 로드하는 데 가장 좋은 패키지는 xlsx 패키지다.

```
res <- read.xlsx("D:/ga.xlsx", 1)
```

위 명령은 엑셀 문서의 시트 1 데이터를 R에서 데이터 프레임 포맷으로 res에 저장한다.

## R과 엑셀로 데이터 가공

다음 명령으로 데이터 프레임 res의 처음 5줄을 선택해 가져올 수 있다.

```
r <- res[1:5, ]
```

## 데이터를 엑셀로 내보내기

이름이 정의된 데이터 프레임 형식의 데이터는 xls 파일로 저장해 엑셀에서 읽을 수 있다.

```
ress <- write.xlsx(r, "D:/gal.xls")
```

# MongoDB 사용

MongoDB는 NoSQL 기반의 분산된 문서 데이터 저장소다. 특히 확장성과 고성능 데이터 저장소를 제공하기 위해 디자인되었으며, 많은 경우에 전통적인 관계형 데이터베이스나 키-값 데이터 저장소를 대체할 수 있다. 가장 큰 특징은 쿼리 언어인데 문법이 객체지향 쿼리 언어와 다소 비슷하며 매우 강력하다.

다음은 MongoDB의 기능이다.

- 집합 지향 저장소이고 객체 타입 저장이 용이
- 다이내믹 쿼리 지원

- 전체 색인 지원

- 풍부한 쿼리 언어

- 클라우드 수준의 확장을 지원하기 위한 데이터 분할 프로세스

- BSON 기반의 파일 데이터 저장소

- C, C++, C#, 얼랑Erlang, 하스켈Haskell, 자바, 자바스크립트, 펄, PHP, 파이썬, 루비, 스칼라 지원

다음과 같은 설치 과정을 미리 수행해 R과 MongoDB를 함께 사용할 수 있다.

- MonogDB 설치

- rmongodb 설치

## MongoDB 설치

우분투 12.04와 CentOS에서 MongoDB를 설치하는 과정을 소개한다.

먼저 우분투에서 설치하는 방법을 살펴보자.

1. 다음 명령을 사용해 패키지 관리 시스템APT을 설정한다.

```
sudo apt-key adv --keyserver hkp://keyserver.ubuntu.com:80 --recv
7F0CEB10
```

2. 다음 명령을 사용해 /etc/apt/sources.list.d/mongdb.list를 생성한다.

```
echo 'deb http://downloads-distro.mongodb.org/repo/ubuntu-upstart dist
10gen' | sudo tee /etc/apt/sources.list.d/mongodb.list
```

3. 다음 명령을 사용해 OS의 패키지 리스트를 업데이트한다.

```
sudo apt-get update
```

4. 다음 명령을 사용해 MongoDB 최신 버전을 설치한다.

```
apt-get install mongdb-10gen
```

다음으로 CentOS에서의 설치 과정을 살펴보자.

1. 패키지 관리 시스템(YUM)을 설정한다.

2. /etc/yum.repos.d/mongodb.repo를 생성하고 아래 설정을 사용한다.

   ○ 64비트 시스템의 설정값

   ```
   [mongodb]
   name=MongoDB Repository
   baseurl=http://downloads-distro.mongodb.org/repo/redhat/os/x86_64/
   gpgcheck=0
   enabled=1
   ```

   ○ 32비트 시스템의 설정값

   ```
   [mongodb]
   name=MongoDB Repository
   baseurl=http://downloads-distro.mongodb.org/repo/redhat/os/i686/
   gpgcheck=0
   enabled=1
   ```

3. 패키지를 설치한다. 다음 명령을 이용하면 안정 버전의 MongoDB와 관련 도
   구를 설치할 수 있다.

   ```
   yum install mongo-10gen mongo-10gen-server
   ```

이제 MongoDB 설치가 완료되었다.

 **mongodb 서비스를 관리하는 유용한 명령들**

mongodb 서비스를 시작하는 명령:
```
sudo service monodb start
```

mongodb 서비스를 정지하는 명령:
```
sudo service monodb stop
```

mongodb 서비스를 재시작하는 명령:
```
sudo service monodb restart
```

mongo 콘솔을 시작하는 명령:
```
mongo
```

## SQL과 MongoDB 용어 매핑

데이터 저장소에 대한 이해를 높이기 위해 SQL 용어와 그에 상응하는 MongoDB 용어를 아래에 소개한다.

| 번호 | SQL 용어 | MongoDB 용어 |
|------|----------|--------------|
| 1. | 데이터베이스 | 데이터베이스 |
| 2. | 테이블 | 컬렉션 |
| 3. | 인덱스 | 인덱스 |
| 4. | 로우 | 문서(document) |
| 5. | 컬럼 | 필드 |
| 6. | 조인 | 임베딩과 링킹 |

## SQL과 MongoQL 용어 매핑

쿼리를 작성하거나 변환할 때 도움이 될 만한 SQL 문과 그에 상응하는 MongoQL 문을 아래에 소개한다.

| 번호 | SQL 문 | MongoQL 문 |
|------|--------|------------|
| 1. | INSERT INTO students VALUES(1,1) | $ db -> students -> insert(array("a" => 1, "b" => 1)); |
| 2. | SELECT a, b FROM students | $ db -> students -> find(array(), array("a" => 1, "b" => 1)); |
| 3. | SELECT * FROM students WHERE age < 15 | $ db -> students -> find(array("age" => array('$lt' => 15))); |
| 4. | UPDATE students SET a=1 WHERE b = 'q' | $ db -> students -> update(array("b" => "q") , array('$set' => array("a" => 1))); |
| 5. | DELETE FROM students WHERE name="siddharth" | $ db -> students -> remove(array("name" => "siddharth")); |

## rmongodb 설치

R에서 MongoDB를 사용하려면 rmongodb 라이브러리를 설치해야 한다. 다음 명령으로 CRAN에서 rmongodb를 설치할 수 있다.

```
# R에 rmongodb 라이브러리 설치
install.packages("rmongodb")
```

## R로 데이터 가져오기

지금까지 MongoDB를 어떻게 설치하는지 알아보았다. 이번 절에서는 어떻게 Mongo 데이터를 처리할 수 있는지 그리고 데이터 분석 작업을 위해 어떻게 데이터를 R로 가져올 수 있는지 살펴볼 것이다. 라이브러리 로딩을 위해 다음 명령을 사용한다.

```
# rmongodb 라이브러리 로딩
library(rmongodb)

# MongoDB 연결
mongo <- mongo.create()

# 연결 상태 체크
mongo.is.connected(mongo)

# BSON 오브젝트 캐시 생성
buf <- mongo.bson.buffer.create()

# buf 오브젝트에 원소 추가
mongo.bson.buffer.append(buf, "name", "Echo")
```

mongo.bson 클래스의 오브젝트는 BSON 문서를 저장하는 데 사용된다. BSON은 MongoDB가 데이터베이스에 문서를 저장하기 위해 사용하는 형식이다. MongoDB의 네트워크 트래픽도 BSON 메시지를 사용한다.

```
b <- mongo.bson.from.list(list(name="Fred", age=29, city="Boston"))
    iter <- mongo.bson.iterator.create(b)      # b는 "mongo.bson"의 클래스다.
    while(mongo.bson.iterator.next(iter))
    print(mongo.bson.iterator.value(iter))
```

## 데이터 조작 살펴보기

이제 Mongo 데이터 오브젝트를 어떻게 R에서 조작할 수 있는지 살펴볼 것이다.

```
# mongo가 R에 제대로 연결되었는지 체크
if(mongo.is.connected(mongo)) {
    ns <- "test.people"

    # R에서 데이터를 추가할 새로운 mongo.bson.buffer 오브젝트를 반환한다.
    buf <- mongo.bson.buffer.create()
    mongo.bson.buffer.append(buf, "name", "Joe")
    criteria <- mongo.bson.from.buffer(buf)

    # mongo.bson.buffer 오브젝트는 mongo.bson objects를 만드는데 사용된다.
    buf <- mongo.bson.buffer.create()
    mongo.bson.buffer.start.object(buf, "inc")
    mongo.bson.buffer.append(buf, "age", 1L)
    mongo.bson.buffer.finish.object(buf)
    objNew <- mongo.bson.from.buffer(buf)

    # 이름 Joe에 매칭되는 첫 번째 레코드의 age 필드를 증가시킨다.
    mongo.update(mongo, ns, criteria, objNew)

    # mongo.bson.buffer 오브젝트는 mongo.bson objects를 만드는데 사용된다.
    buf <- mongo.bson.buffer.create()
    mongo.bson.buffer.append(buf, "name", "Jeff")
    criteria <- mongo.bson.from.buffer(buf)

    # mongo.bson.buffer 오브젝트는 mongo.bson objects를 만드는데 사용된다.
    buf <- mongo.bson.buffer.create()
    mongo.bson.buffer.append(buf, "name", "Jeff")
    mongo.bson.buffer.append(buf, "age", 27L)
    objNew <- mongo.bson.from.buffer(buf)

    # name이 "Jeff"인 레코드를 { name: "Jeff", age: 27 }로 업데이트한다.
    # 만약 그러한 레코드가 존재하지 않는다면 새로운 레코드를 추가한다.
    mongo.update(mongo, ns, criteria, objNew, mongo.update.upsert)

    # 업데이트를 수행한다.
    mongo.update(mongo, ns, list(name="John"), age=25))
}
```

## SQLite 사용

SQLite는 C 언어로 개발된 관계형 데이터베이스 관리 시스템이다. SQLite는 ACID를 준수하며 대부분의 SQL 표준을 구현하고 있다. 다른 데이터베이스 시스템과 달리 SQLite는 클라이언트 애플리케이션에게 데이터를 제공하기 위한 독립 실행 프로세스를 갖지 않는다. SQLite는 내장형 SQL 데이터베이스 엔진이며 시스템 디스크 파일을 직접 읽고 쓰는 파일 기반의 데이터베이스다. 여러 개의 테이블, 인덱스, 뷰를 가진 SQL 데이터베이스가 포함되며 데이터베이스 파일 포맷은 다양한 플랫폼을 지원한다.

트랜잭션의 ACID 속성에 대해 간단하게 알아보자.

트랜잭션을 수행할 때 준수해야 할 속성 집합이 있다. 원자성Atomicity, 일관성Consistency, 고립성Isolation, 지속성Durability이며 하나씩 살펴보자.

- 원자성은 데이터베이스의 모든 작업이 수행되는 것을 보장한다는 것을 말한다.
- 일관성은 트랜잭션 시작 전과 비슷한 상태로 데이터베이스가 일관성을 유지하는 것을 보장한다.
- 고립성은 트랜잭션 동안의 중간 상태 데이터를 다른 작업이 접근하거나 볼 수 없다는 요건을 말한다.
- 지속성은 일단 사용자가 성공 통지를 받은 트랜잭션은 영구적으로 지속되며 다시 이전 상태로 돌아가지 않는 것을 보장함을 말한다. 이는 시스템 장애가 있더라도 유지되며, 데이터베이스 시스템이 온전한 상태를 유지하는 것을 체크하므로 트랜잭션을 중단시킬 필요가 없을 것이라는 것을 의미한다.

## SQLite의 기능 이해

다음은 ACID 속성을 따르는 SQLite 데이터베이스의 기능이다.

- 간단한 설정
- 다양한 플랫폼을 지원하는 디스크 포맷

- 클라이언트-서버 형식의 데이터베이스 시스템보다 빠르다

- 사용하기 쉬운 API

SQLite와 R을 함께 사용하려면 다음과 같은 요구사항이 필요하다.

- SQLite 설치

- RSQLite 설치

## SQLite 설치

우분투에 SQLite를 설치하려면 다음 명령을 수행해야 한다.

```
sudo apt-get purge sqlite3 sqlite3-doc libsqlite3-0
sudo apt-get autoremove
sudo apt-get install sqlite3 sqlite3-doc
```

## RSQLite 설치

다음 명령을 실행해 RSQLite를 설치할 수 있다.

```
# CRAN에서 RSQLite 라이브러리를 설치한다.
install.packages("RSQLite")
```

## R로 데이터 가져오기

RSQLite 패키지를 이용해 R에서 데이터를 사용하는 방법에 대해 알아보자.

다음 명령으로 설치된 패키지를 로드한다.

```
# 설치된 패키지 로딩
library("RSQLite")
```

다음 명령으로 DB에 접속해 모든 테이블 리스트를 살펴볼 수 있다.

```
# DB에 연결
con <- dbConnect(SQLite(), dbname="data/first.db")
```

```
# 모든 테이블 목록
tables <- dbListTables(con)

# 테이블 정보를 포함하고 있는 sqlite_sequence는 제외한다.
tables <- tables[tables != "sqlite_sequence"]
lDataFrames <- vector("list", length=length(tables))

# 각 테이블별로 데이터 프레임 생성
for (i in seq(along=tables)) {
    lDataFrames[[i]] <- dbGetQuery(conn=con, statement=paste("SELECT *
FROM'", tables[[i]], "'", sep=""))
}
```

## 데이터 조작 살펴보기

다음 명령을 사용해 데이터를 조작할 수 있다.

```
dbBeginTransaction(con)
rs <- dbSendQuery(con, "DELETE from candidates WHERE age > 50")

# Rdata(USArrests)에서 데이터 내보내기
dbWriteTable(con, "USArrests", USArrests)
```

# PostgreSQL 사용

PostgreSQL은 오픈소스 관계형 데이터베이스 관리 시스템이며 리눅스, 유닉스, 윈도우 같은 대부분의 운영체제에서 동작한다. 또한 텍스트, 이미지, 음원, 영상을 지원하며 C, C++, 자바, 파이썬, 루비, Tcl 등의 프로그래밍 기술을 지원한다.

## PostgreSQL의 기능 이해

아래에서 PostgreSQL의 기능을 소개한다.

- 복잡한 SQL 쿼리

- 완전한 ACID 준수

- SQL 서브셀렉스

R에서 PostgreSQL을 사용하기 위한 선수 조건은 다음과 같다.

- PostgreSQL 설치
- RPostgreSQL 설치

## PostgreSQL 설치

이번 절에서는 PostgreSQL을 설치하는 방법을 살펴본다.

```
// 패키지 리스트 업데이트
sudo apt-get update

// postgresql 설치
sudo apt-get install postgresql postgresql-contrib

// postgresql 사용자 생성
su - postgres createuser
```

## RPostgreSQL 설치

이제 RPostgreSQL을 설치하고 사용하는 방법을 살펴보자.

```
# CRAN에서 패키지 설치
install.packages("RPostgreSQL")

# 설치된 패키지 로딩
library(RPostgreSQL)

## PostgreSQL 드라이버 로딩
drv <- dbDriver("PostgreSQL")

## 연결 설정
con <- dbConnect(drv, dbname="oxford")

## select문 제출
rs <- dbSendQuery(con, "select * from student")
```

```
## 결과셋에서 모든 항목 가져오기
fetch(rs, n=-1)

## 연결 닫기
dbDisconnect(con)

## 드라이버에서 모든 리소스를 해제
dbUnloadDriver(drv)
```

다음 코드를 통해 R에서 PostgreSQL에 저장된 데이터로 작업하는 방법을 배울
수 있다.

```
opendbGetQuery(con, "BEGIN TRANSACTION")
rs <- dbSendQuery(con, "Delete * from sales as p where p.cost > 10")
if(dbGetInfo(rs, what = "rowsAffected") > 250) {
    warning("Rolling back transaction")
    dbRollback(con)
} else {
    dbCommit(con)
}
```

## R에서 데이터 내보내기

이번 절에서는 데이터를 로드하는 방법과 지정한 테이블에 데이터 프레임의 내용
을 쓰는 방법, 데이터베이스에서 해당 테이블을 삭제하는 방법을 살펴볼 것이다.

```
conn <- dbConnect("PostgreSQL", dbname = "wireless")
if(dbExistsTable(con, "frame_fuel")){
    dbRemoveTable(conn, "frame_fuel")
    dbWriteTable(conn, "frame_fuel", fuel.frame)
}
if(dbExistsTable(conn, "RESULTS")) {
    dbWriteTable(conn, "RESULTS", results2000, append = T)
} else
    dbWriteTable(conn, "RESULTS", results2000)
```

# 하이브 사용

하이브는 페이스북에서 개발한 하둡 기반의 데이터웨어하우스 프레임워크다. 하이브는 높은 수준으로 추상화된 하둡 맵리듀스인 HiveQL 언어를 이용해 사용자가 SQL 쿼리를 실행할 수 있게 해주며 맵리듀스 경험이 없는 SQL 프로그래머가 웨어하우스를 사용하고 또 그것을 비즈니스 인텔리전스나 실시간 쿼리 프로세싱을 위한 시각화 도구에 연동하기 쉽게 만들어 준다.

## 하이브의 기능 이해

하이브의 기능은 다음과 같다.

- HQL
- UDF 지원
- 메타데이터 저장소
- 데이터 색인
- 다양한 저장소 타입
- 하둡 연동

RHive를 위한 선수 조건은 다음과 같다.

- 하둡
- 하이브

여기에서는 1장에서 살펴본 것처럼 이미 하둡이 설치되어 있다고 가정한다. RHive 실행을 위해서 하이브가 필요하므로 먼저 하이브를 어떻게 설치하는지 살펴볼 것이다.

## 하이브 설치

하이브를 설치하는 명령은 다음과 같다.

```
// 아파치 미러에서 하이브 소스 다운로드
wget http://www.motorlogy.com/apache/hive/hive-0.11.0/hive-0.11.0.tar.gz
```

```
// 하이브 소스 압축 해제
tar xzvf  hive-0.11.0.tar.gz
```

## 하이브 설정 세팅

하이브 설정을 세팅하려면 hive-site.xml 파일에 몇 가지 설정을 추가해야 한다.

● 아래 내용으로 hive-site.xml 수정

```xml
<description> JDBC connect string for a JDBC metastore </description>

<property>
<name>javax.jdo.option.ConnectionDriverName</name>
<value>com.mysql.jdbc.Driver</value>
<description>Driver class name for a JDBC metastore</description>
</property>

<property>
<name>javax.jdo.option.ConnectionUserName</name>
<value>hive</value>
<description>username to use against metastore database</description>
</property>

<property>
<name>javax.jdo.option.ConnectionPassword</name>
<value>hive</value>
<description>password to use against metastore database</description>
</property>

<property>
<name>hive.metastore.warehouse.dir</name>
<value>/user/hive/warehouse</value>
<description>location of default database for the warehouse</
description>
</property>
```

- 아래 내용을 추가해 hive-log4j.properties 수정

```
log4j.appender.EventCounter=org.apache.hadoop.log.metrics.EventCounter
```

- 다음 명령을 이용해 환경변수 수정

```
export $HIVE_HOME=/usr/local/hive-0.11.0
```

- HDFS에 하이브를 위한 특정 디렉토리를 생성

```
$HADOOP_HOME/bin/ hadoop fs-mkidr /tmp
$HADOOP_HOME/bin/ hadoop fs-mkidr /user/hive/warehouse
$HADOOP_HOME/bin/ hadoop fs-chmod g+w / tmp
$HADOOP_HOME/bin/ hadoop fs-chmod g+w /user/hive/warehouse
```

 하이브 서버를 실행하려면 HIVE_HOME에서 hive --service hiveserver 명령을 수행한다.

## RHive 설치

다음 명령을 이용해 의존성이 있는 rJava 라이브러리를 설치한다.

```
// 자바 설정 변수를 세팅
sudo R CMD javareconf

// rJava 패키지 설치
install.packages ("rJava")

// CRAN으로부터 RHive 패키지 설치
install.packages("RHive")

// RHive 라이브러리 로드
library("RHive")
```

## RHive 작업 살펴보기

RHive 라이브러리를 사용해 R 환경에서 하이브의 데이터셋을 로드하고 작업하는 방법을 살펴보자.

- RHive 초기화

```
rhive.init()
```

- 하이브 서버에 연결

```
rhive.connect ("192.168.1.210")
```

- R 환경에서 사용 가능한 하이브 테이블 목록을 조회

```
rhive.list.tables()
    tab_name
1 hive_algo_t_account
2 o_account
3 r_t_account
```

- 테이블 구조를 살펴보기

```
rhive.desc.table('o_account');
   col_name       data_type    comment
1 id          int
2 email          string
3 create_date    string
```

- HQL 쿼리를 실행

```
rhive.query("select * from o_account");
```

- 하이브 서버 연결을 닫기

```
rhive.close()
```

## HBase 사용

아파치 HBase는 하둡을 위한 분산 빅데이터 저장소다. HBase는 빅 데이터에 대해 랜덤, 실시간, 읽기/쓰기 접근이 가능하다. HBase는 구글 빅테이블에서 영향을 받아 고안된 컬럼 기반, 데이터 저장소 모델로서 디자인되었다.

## HBase의 기능 이해

HBase는 다음과 같은 기능이 있다.

- XML RESTful 웹 서비스
- 선형적, 일괄적인 확장성
- 일관성 있는 읽기와 쓰기
- 확장성 있는 셸
- 실시간 쿼리를 위한 블럭 캐시와 블룸 필터

RHBase를 위한 선수 조건은 다음과 같다.

- 하둡
- HBase
- 쓰리프트Thrift

여기에서는 사용자의 리눅스 장비에 이미 하둡이 제대로 설치되어 있다고 가정한다. 리눅스에 하둡을 설치하는 방법이 알고 싶은 독자는 1장을 참조한다.

### HBase 설치

HBase를 설치하는 방법은 다음과 같다.

1. HBase의 tar 파일을 내려받고 압축을 해제한다.

   ```
   wget http://apache.cs.utah.edu/hbase/stable/hbase-0.94.11.tar.gz
   ```

   ```
   tar -xzf hbase-0.94.11.tar.gz
   ```

2. HBase 설치 디렉토리로 이동한 후 설정 파일을 수정한다.

   ```
   cd hbase-0.94.11/
   ```

   ```
   vi conf/hbase-site.xml
   ```

**3.** 설정 파일을 수정한다.

a. hbase-env.sh 파일을 수정한다.

```
~ vi conf/hbase-env.sh
```

b. HBase를 위한 설정을 세팅한다.

```
export JAVA_HOME=/usr/lib/jvm/java-6-sun
export HBASE_HOME=/usr/local/hbase-0.94.11
export HADOOP_INSTALL=/usr/local/hadoop
export HBASE_CLASSPATH=/usr/local/hadoop/conf
export HBASE_MANAGES_ZK=true
```

c. hbase-site.xml 파일을 수정한다.

```
vi conf/hbase-site.xml
```

d. 다음과 같이 hbase-site.xml을 수정한다.

```
<configuration>
  <property>
    <name>hbase.rootdir</name>
    <value>hdfs://master:9000/hbase</value>
  </property>
  <property>
    <name>hbase.cluster.distributed</name>
    <value>true</value>
  </property>
  <property>
    <name>dfs.replication</name>
    <value>1</value>
  </property>
  <property>
    <name>hbase.zookeeper.quorum</name>
    <value>master</value>
  </property>
  <property>
    <name>hbase.zookeeper.property.clientPort</name>
    <value>2181</value>
  </property>
  <property>
```

```
      <name>hbase.zookeeper.property.dataDir</name>
      <value>/root/hadoop/hdata</value>
  </property>
</configuration>
```

 독립적인 주키퍼 세팅이 사용된다면 설정이 바뀌어야 한다.

e. 하둡 환경 설정 파일과 라이브러리를 복사한다.

```
cp $HADOOP_HOME/conf/hdfs-site.xml $HBASE_HOME/conf
cp $HADOOP_HOME/hadoop-core-1.0.3.jar $HBASE_HOME/lib
cp $HADOOP_HOME/lib/commons-configuration-1.6.jar $HBASE_HOME/lib
cp $HADOOP_HOME/lib/commons-collections-3.2.1.jar $HBASE_HOME/lib
```

## 쓰리프트 설치

쓰리프트thrift를 설치하는 방법은 다음과 같다.

1. 인터넷에서 쓰리프트 소스를 내려받아 클라이언트에 위치시킨다. 여기에서는 우분투 12.04를 사용할 것이다.

```
wget http://archive.apache.org/dist/thrift/0.8.0/thrift-0.8.0.tar.gz
```

2. 다음과 같이 내려받은 tar.gz 파일의 압축을 해제한다.

```
tar xzvf thrift-0.8.0.tar.gz
cd thrift-0.8.0/
```

3. 설정 매개변수를 컴파일한다.

```
./configure
```

4. 쓰리프트를 설치한다.

```
make
make install
```

HBase 쓰리프트 서버를 시작하려면 다음과 같이 명령을 내려야 한다.

```
$HBASE_HOME/bin/hbase-daemon.sh start
```

## RHBase 설치

HBase 설치를 완료했으므로 RHBase 라이브러리를 어떻게 설치하는지 알아보자.

- rhbase를 다운로드하려면 다음 명령을 사용한다.

```
wget https://github.com/RevolutionAnalytics/rhbase/blob/master/build/
rhbase_1.2.0.tar.gz
```

- 다음 명령을 이용해 내려받은 패키지를 설치한다.

```
R CMD INSTALL rhbase_1.2.0.tar.gz
```

## R에서 데이터 가져오기

일단 RHBase가 설치되면 R에서 HBase의 데이터셋을 로드할 수 있다.

- 모든 테이블 목록을 보기 위해 사용하는 명령

```
hb.list.tables()
```

- 새로운 테이블을 생성하기 위해 사용하는 명령

```
hb.new.table ("student")
```

- 테이블 구조를 표시하기 위해 사용하는 명령

```
hb.describe.table("student_rhbase")
```

- 데이터를 읽기 위해 사용하는 명령

```
hb.get('student_rhbase', 'mary')
```

## 데이터 조작 살펴보기

R에서 HBase의 데이터셋을 어떻게 조작하는지 살펴볼 것이다.

- 테이블을 생성하기 위해 사용하는 명령

  ```
  hb.new.table ("student_rhbase", "info")
  ```

- 데이터를 삽입하기 위해 사용하는 명령

  ```
  hb.insert("student_rhbase", list(list("mary", "info:age", "24")))
  ```

- 테이블을 삭제하기 위해 사용하는 명령

  ```
  hb.delete.table('student_rhbase')
  ```

## 요약

이번 장에서는 R 환경에서 다양한 패키지를 사용해 각종 데이터베이스 시스템을 연동하고 데이터셋을 로드해 데이터 분석을 수행하는 방법을 살펴보았다. 대부분의 인지도 있는 데이터베이스 시스템은 데이터를 로드하고 업데이트하고 데이터 분석을 위해 쿼리를 실행할 수 있는 R 패키지를 가진다.

# 부록
# 참고자료

모든 장의 내용과 연관이 있는 추가적인 리소스를 살펴보자.

## R + 하둡 도움말 문서

- 빅데이터 대학교Big Data university
  - 이름: 빅데이터 대학교
  - URL: http://bigdatauniversity.com/
  - 타입: 온라인 코세라 코스
  - 목적: 하둡과 관련 컴포넌트
- 온라인 코세라 기계학습 수업
  - 이름: 기계학습

- URL: https://www.coursera.org/course/ml
- 타입: 온라인 코세라 수업
- 저자: 앤드류 응 교수
- 목적: 기계 학습 개론

- 온라인 코세라 데이터 과학 개론 수업
  - 이름: 데이터 과학 개론
  - URL: https://www.coursera.org/course/datasci
  - 타입: 온라인 코세라 코스
  - 저자: 빌 호우 박사
  - 목적: 데이터 가공 및 분석 학습

- RHadoop
  - 이름: RHadoop
  - URL: https://github.com/RevolutionAnalytics/RHadoop/
  - 타입: RHadoop 레퍼런스
  - 목적: RHadoop 패키지 다운로드

- RHIPE
  - 이름: RHIPE
  - URL: http://www.datadr.org
  - 타입: RHIPE 레퍼런스
  - 목적: RHIPE 패키지 다운로드

- 하둡 스트리밍
  - 이름: 하둡 스트리밍

○ URL: http://cran.r-project.org/web/packages/HadoopStreaming/index.html

○ 타입: RHadoop 패키지 레퍼런스

○ 목적: 하둡 스트리밍 패키지 다운로드

- R 문서

  ○ 이름: R 문서

  ○ URL: http://www.rdocumentation.org/

  ○ 타입: 온라인 R 문서

  ○ 목적: R 문서

- 레볼루션 애널리틱스

  ○ 이름: 레볼루션 애널리틱스

  ○ URL: http://www.revolutionanalytics.com/news-events/free-webinars/

  ○ 타입: R과 하둡 관련 온디맨드 웨비나

  ○ 목적: 거대 산업에서 비즈니스 애플리케이션을 위한 R과 하둡의 중요성

# R 그룹

- R을 이용한 빅데이터 분석Big Data Analytics using R

  ○ 이름: R을 이용한 빅데이터 분석(페이스북 그룹)

  ○ URL: http://www.facebook.com/groups/434352233255448/

  ○ 타입: 페이스북 지식 공유 그룹

# 하둡 그룹

- 하둡 인 액션Hadoop in Action

  o 이름: 하둡 인 액션(Facebook group)

  o URL: http://www.facebook.com/groups/haddopinaction/

  o 타입: 페이스북 지식 공유 및 비즈니스 컨텍스트

- 하둡Hadoop

  o 이름: 하둡(Facebook group)

  o URL: http://www.facebook.com/groups/21410812368/

  o 타입: 페이스북 지식 공유

- R을 이용한 빅데이터 분석Big Data Analytics using R

  o 이름: 하둡 사용자(링크드인 그룹)

  o URL: http://www.linkedin.com/groups/Hadoop-Users-988957

  o 타입: 비즈니스 컨텍스트 및 전문가 인맥 구축을 위한 링크드인 그룹

- 하둡 메일링 리스트Hadoop

  o 이름: 하둡 사용자(링크드인 그룹)

  o URL:http://hadoop.apache.org/mailing_lists.html

  o 타입: 비즈니스 컨텍스트 및 전문가 인맥 구축을 위한 링크드인 그룹

# R + 하둡 그룹

- www.fens.me

  o 이름: Fens.me

  o URL: http://blog.fens.me/

  o 타입: R, 하둡, 하둡 관련 컴포넌트, 각종 오픈소스 기술에 관련된 블로그

# 인기 있는 R 컨트리뷰터

- RStudio

  - 이름: RStudio

  - URL: http://www.rstudio.com/

  - 타입: 소프트웨어, 교육, R 커뮤니티를 위한 서비스

  - 기여: Rstudio IDE, plyr, Shiny, RPubs, devtools

- R-Bloggers

  - 이름: R-Bloggers

  - URL:http://www.r-bloggers.com/

  - 타입: 소프트웨어, 교육, R 커뮤니티를 위한 서비스

  - 기여: R 블로그 포털

- Decisionstats

  - 이름: Decisionstats

  - URL: http://decisionstats.com/

  - 타입: R을 이용한 비즈니스 분석

  - 기여: 비즈니스 분석

- RDataMining

  - 이름: RDataMining

  - URL: http://www.rdatamining.com/

  - 타입: R을 이용한 데이터 분석

  - 기여: R을 이용한 데이터 마이닝, 기계학습

- 헤들리 위컴

  - 이름: 헤들리 위컴

- URL: http://had.co.nz/
- 타입: R을 이용한 데이터 시각화 및 통계
- 기여: ggplot2, plyr, testhat, reshape2, R 노트

## 인기 있는 하둡 컨트리뷰터

- 마이클 놀. 이 책의 하둡 설치 부분에 도움을 주었다.
  - 이름: 마이클 놀
  - URL: http://www.michael-noll.com/
  - 타입: 빅데이터와 하둡
  - 기여: 표준 설치 과정과 창의적인 프로젝트 개발

- 레볼루션 애널리틱스
  - 이름: 레볼루션 애널리틱스
  - URL: http://www.revolutionanalytics.com/
  - 타입: 빅데이터 분석
  - 목적: R과 하둡을 이용한 대규모 비즈니스 분야의 빅데이터 분석RHadoop

- 호튼웍스
  - 이름: 호튼웍스
  - URL: http://hortonworks.com/
  - 타입: 엔터프라이즈 하둡 솔루션
  - 목적: 리눅스와 윈도우를 위한 100% 오픈소스 및 엔터프라이즈 하둡 배포판
  - 기여: 윈도우 지원과 YARN

- 클라우데라
  - 이름: 클라우데라
  - URL: http://www.cloudera.com/
  - 타입: 엔터프라이즈 하둡 솔루션
  - 목적: 빅데이터를 위한 100% 오픈소스 소프트웨어
  - 기여: 스쿱

- 야후!
  - 이름: 야후!
  - URL: http://developer.yahoo.com/hadoop/
  - 타입: 엔터프라이즈 하둡 솔루션
  - 목적: 빅데이터를 위한 오픈소스 소프트웨어
  - 기여: 하둡 개발 시작, 우지

# 찾아보기

에이콘출판의 기틀을 마련하신 故 정완재 선생님 (1935-2004)

# R과 하둡을 이용한 빅데이터 분석

빅데이터 처리를 위한 이상적인 솔루션

발 행 | 2016년 2월 12일

지은이 | 비그니쉬 프라자파티
옮긴이 | 송 주 영

펴낸이 | 권 성 준
편집장 | 황 영 주
편 집 | 배 혜 진
　　　　조 유 나
디자인 | 박 주 란

에이콘출판주식회사
서울특별시 양천구 국회대로 287 (목동)
전화 02-2653-7600, 팩스 02-2653-0433
www.acornpub.co.kr / editor@acornpub.co.kr

한국어판 ⓒ 에이콘출판주식회사, 2016, Printed in Korea.
ISBN 978-89-6077-827-6
ISBN 978-89-6077-210-6 (세트)
http://www.acornpub.co.kr/book/big-data-analytics-r-hadoop

이 도서의 국립중앙도서관 출판시도서목록(CIP)은 서지정보유통지원시스템 홈페이지(http://seoji.nl.go.kr)와
국가자료공동목록시스템(http://www.nl.go.kr/kolisnet)에서 이용하실 수 있습니다.(CIP제어번호: CIP2016003635)

책값은 뒤표지에 있습니다.